Michael Noack
Einsamkeitsregulation und Soziale Arbeit

AF552190

Michael Noack

Einsamkeitsregulation und Soziale Arbeit

Der Autor

Michael Noack, Jg. 1982, Dr. phil., ist Professor für Methoden der Sozialen Arbeit am Fachbereich Sozialwesen der Hochschule Niederrhein. Seine Arbeitsschwerpunkte sind sozialräumliche Organisations- und Netzwerkentwicklung sowie Einsamkeitsfoschung.

Das Werk einschließlich aller seiner Teile ist urheberrechtlich geschützt. Jede Verwertung ist ohne Zustimmung des Verlags unzulässig. Das gilt insbesondere für Vervielfältigungen, Übersetzungen, Mikroverfilmungen und die Einspeicherung und Verarbeitung in elektronische Systeme.

Dieses Buch ist erhältlich als:
ISBN 978-3-7799-6684-5 Print
ISBN 978-3-7799-6685-2 E-Book (PDF)

1. Auflage 2022

© 2022 Beltz Juventa
in der Verlagsgruppe Beltz · Weinheim Basel
Werderstraße 10, 69469 Weinheim
Alle Rechte vorbehalten

Herstellung: Myriam Frericks
Satz: Helmut Rohde, Euskirchen
Druck und Bindung: Beltz Grafische Betriebe, Bad Langensalza
Beltz Grafische Betriebe ist ein klimaneutrales Unternehmen (ID 15985-2104-100)
Printed in Germany

Weitere Informationen zu unseren Autor_innen und Titeln finden Sie unter: www.beltz.de

Inhalt

Einleitung

Wenn sich Menschen über Einsamkeit unterhalten, stellt sich schnell heraus, dass jeder Einsamkeit auf seine eigene Weise erlebt. Manche Menschen sind gern mit sich allein oder sehnen sich nach Einsamkeit, während sich andere Menschen unter Freunden einsam fühlen und wiederum andere unter dem generellen Mangel an sozialen Kontakten leiden. Paradoxerweise fühlen sich im Zeitalter der digitalen Vernetzung viele Menschen ungewollt einsam.

Eine klare Definition, geschweige denn eine Diagnose für Einsamkeit, gibt es nicht. Es ist schwierig, den Einsamkeitsbegriff objektiv zu fassen, Einsamkeit wird subjektiv erlebt. Wer sich einsam fühlt, ist einsam. Negatives Einsamkeitserleben ist jedoch kein Ausdruck individueller Unfähigkeit, weshalb es sich nicht immer allein individuell verändern lässt. Dauerhaftes negatives Einsamkeitserleben kann auch ein Indikator für eine gesellschaftlich verursachte Kontaktreduktion und zwischenmenschliche Entfremdung sein.

Unter anderem aufgrund physischer und psychischer Beeinträchtigungen, die mit negativem Einsamkeitserleben einhergehen können (vgl. Krasko, Kirchdörfer 2019, S. 34), ist Einsamkeit von einer privaten Angelegenheit zu einem gesellschaftlich relevanten Thema geworden. Noch vor 20 Jahren wurde Einsamkeit von der Wissenschaft übersehen und in öffentlichen Diskursen ausgeklammert, worauf Katschnig-Fasch 2001 hinwies. 2021 lässt sich an dem zunehmenden wissenschaftlichen (vgl. u. a. Cacioppo, Cacioppo 2018; Victor, Yang 2012, S. 87; Savikko et al. 2005; Jylhä 2004; Pinquart, Sörensen 2001) und medialen (vgl. Mittler 2019; Dreitzel 2011) Interesse erkennen, dass Einsamkeit von einem „unerwünschten Gefühl zu einem sozialen Problem“ (Stallberg 2021) avanciert ist.

In diesem Buch geht es um die sozialarbeiterische Relevanz dieses sozialen Problems. Es wird analysiert, wie subjektives Einsamkeitserleben geprägt wird, wie es sich regulieren lässt und wie mit Menschen sozial gearbeitet werden kann, die unter negativem Einsamkeitserleben leiden. Die Analyse erfolgt theoriebasiert und Bezug nehmend auf empirische Erkenntnisse der Einsamkeitsforschung. Zentral sind dabei die Ergebnisse der Studie „*Kon*taktgestaltung vor den und während der *Kon*taktbeschränkungen“ (KoKon), die während des ersten Lockdowns aufgrund der Covid-19-Pandemie im Sommer 2020 am Social.Concepts-Institut des Fachbereichs für Sozialwesen der Hochschule Niederrhein durchgeführt wurde (vgl. Schürholz, Noack 2021).

Mit dem ersten Lockdown veränderte sich der Alltag vieler Menschen umfassend. Berufliche Tätigkeiten verlagerten sich in den heimischen Haushalt. Auch die Freizeit musste aufgrund geschlossener gastronomischer und kultureller Einrichtungen neu organisiert werden. Soziale Kontakte galt es zu vermeiden: „Sie sollen keine anderen Menschen treffen. Bleiben Sie am besten zu Hause" lautete die Regel der Bundesregierung (Bundesregierung 2020).

Die Gestaltung sozialer Kontakte ist eng verknüpft mit dem Thema Einsamkeit. Im Rahmen der Studie *KoKon* wurden mit einer Onlinebefragung, die nach der nur teilweisen Aufhebung der Kontaktbeschränkungen nach dem ersten Lockdown[1] deutschlandweit von Juni bis Juli 2020 stattfand (n = 233), Daten erhoben, um folgende Fragen empirisch zu bearbeiten:

Inwiefern wirkten sich die Kontaktbeschränkungen (KB) auf die Gestaltung sozialer Kontakte und auf das Einsamkeitserleben aus?

- Wie erlebten die Befragten Einsamkeit vor den KB?
- Veränderte sich das Einsamkeitserleben der Befragten durch die KB?
- Welche Rolle spielten die folgenden Merkmale für ihr Einsamkeitserleben vor den, während der und nach der Lockerung der KB?
  - *personenbezogene Merkmale der Befragten*, wie Alter, Geschlecht, Beziehungsstatus, emotionale Belastbarkeit, psychische und physische Verfassung,
  - *umfeldbezogene Merkmale der Befragten*, wie die Größe sowie Beschaffenheit von Freundschaftsnetzwerken und die nachbarschaftliche Einbindung und die Wohnregion sowie
  - *teilhabebezogene Merkmale der Befragten*, wie Einkommensverhältnisse, der Bezug existenzsichernder Sozialleistungen, die Verfügbarkeit von Mobilitätsmitteln und der Migrationsstatus.

Zum Zeitpunkt der Studiendurchführung fanden sich keine Untersuchungen, mit denen der Zusammenhang von Kontaktgestaltung, Einsamkeit und den KB aus sozialarbeiterischer Perspektive analysiert wurde. Daher wurde der Studie ein exploratives Design zugrunde gelegt. Mit explorativen Studien werden keine repräsentativen Ergebnisse aufgestellt. Sie dienen dazu, Forschungsfragen zu bearbeiten, zu denen bisher keine oder nur wenige Erkenntnisse vorliegen. In der Regel werden für explorative Studien qualitative Datenerhebungsmethoden angewendet, es sind jedoch auch quantitative Erkundungsstudien möglich (vgl. Döring, Bortz 2016, S. 621).

1 Am 16. März 2020 wurde der erste Lockdown beschlossen und trat am 22. März 2020 in Kraft. Am 04. Mai 2020 endete der erste Lockdown.

Für die quantitative Erkundungsstudie *KoKon* wurde Einsamkeit, Bezug nehmend auf den sozialmedizinisch-psychologisch dominierten einsamkeitsbezogenen Forschungsstand (vgl. Stallberg 2021, S. 16), als subjektives Erleben beschrieben. Die sozialmedizinisch-psychologische Einsamkeitsursachen- und Einsamkeitsfolgenforschung ist in den letzten 20 Jahren zwar rasant gewachsen, der Forschungsstand wurde bisher aber kaum bezogen auf die sozialarbeiterische Fragestellung, wie persönliches Einsamkeitserleben und gesellschaftliche Verhältnisse miteinander korrespondieren, aufgearbeitet.

Die Erkenntnisse explorativer Studien helfen dabei, neue Theorien und Handlungsmodelle zu entwickeln (vgl. Döring, Bortz 2016, S. 149). Am Beispiel der empirisch gewonnenen Erkenntnisse zum Einsamkeitserleben und zur Kontaktgestaltung der im Rahmen der Studie KoKon befragten Personen vor den, während der und nach der Lockerung der KB wurde das theoriebasierte Modell der Einsamkeitsregulation empirisch fundiert. In der Sozialarbeitsforschung und in der sozialarbeiterischen Praxis lässt sich mit diesem Modell reflektieren, wie Einsamkeit subjektiv erlebt wird und mit welchen lebensweltlichen sowie gesellschaftlichen Rahmenbedingungen dieses Erleben in Verbindung steht.

Ein Beispiel für die einsamkeitsbezogene Verknüpfung lebensweltlicher und gesellschaftlicher Faktoren ist der Einfluss des sozialen Netzwerks einer Person auf ihre Möglichkeiten, zwischenmenschliche Unterstützungsleistungen zu erhalten und gesellschaftliche Teilhabechancen zu realisieren. Kronauer (2017, S. 1) weist darauf hin, dass „höhere Bildungsressourcen und höhere berufliche Positionen mit einem größeren Umfang und höherer Unterstützungsqualität formeller und informeller sozialer Beziehungen einhergehen". Bei Menschen, die sich mit ihrer Erwerbsposition am unteren Ende der gesellschaftlichen Hierarchie befinden, treten negative Einsamkeitsgefühle häufiger auf und ihre sozialen Kontakte haben eine geringere Unterstützungskapazität als die jener Menschen, die sich am oberen Ende der gesellschaftlichen Erwerbshierarchie befinden.

Weitere Beispiele sind die physischen und psychischen Folgen negativen Einsamkeitserlebens. Negativ erlebte Einsamkeit ist zwar keine organische Erkrankung, führt jedoch in chronifizierter Form zu dauerhaftem Leid. Personen, die dauerhaft unter negativem Einsamkeitserleben leiden, ernähren sich ungesünder (vgl. Cacioppo, Patrick 2011 [2008], S. 127 ff.), neigen zu Übergewicht (vgl. Schalek, Stefan 2018, S. 379), rauchen mehr (vgl. Cohen-Mansfield et al. 2016), haben öfter Suizidgedanken und suchen häufiger Fach- sowie Hausärzte auf (Beutel et al. 2017, S. 2). Holt-Lundstad, Smith und Layton (2010, S. 2) stellen zwei Erklärungsmodelle für die Zusammenhänge zwischen negativem Einsamkeitserleben und der psychischen und physischen Verfassung eines Menschen vor:

- Der *Pufferhypothese* liegt die Annahme zugrunde, dass die durch soziale Beziehungen vermittelten informativen und emotionalen Ressourcen neuroendokrine Reaktionen auf akute oder chronische Stressoren (z. B. Krankheit, Lebensereignisse, Lebensübergänge) und die individuelle Stressbewältigung fördern. Dadurch wird der schädliche Einfluss von Stressoren gemildert oder gepuffert.
- Im *Haupteffektmodell* werden die kognitiven, emotionalen, verhaltensbezogenen und biologischen Einflüsse sozialer Kontakte, die nicht ausdrücklich als Hilfe oder Unterstützung gedacht sind, fokussiert. Die Prämisse lautet: Teil eines sozialen Netzwerks zu sein, ist typischerweise mit der Konformität mit sozialen Normen verbunden, die für Gesundheit und Selbstpflege relevant sind.

Negatives Einsamkeitserleben lässt sich jedoch nicht allein auf individuelles Kontaktverhalten zurückführen. Nicht alle Menschen können negativem Einsamkeitserleben eigenmächtig vorbeugen oder es reduzieren, weil es mit gesellschaftlichen Rahmenbedingungen korrespondiert, die sie nicht beeinflussen können. Krisenbedingte Migrationsprozesse, die für viele berufliche Tätigkeiten erforderliche zeitliche und örtliche Flexibilität, die Zunahme der Einkommensungleichheit, die digital induzierte flüchtige Kontaktgestaltung und/oder alltagsrassistische Ausschließungsmechanismen beeinflussen im Zusammenspiel mit personenbezogenen Faktoren, wie Alter, Geschlecht, sexuelle Orientierung, Milieuzugehörigkeit und Nationalität das Einsamkeitserleben einer Person und ihre Optionen, dieses Erleben zu regulieren (vgl. Stallberg 2021, S. 13 f.).

Dieses Zusammenspiel und die sich daraus ergebenden Möglichkeiten und Grenzen, Einsamkeitserleben individuell zu regulieren, lässt sich empiriebasiert analysieren, um Strategien zu entwickeln, mit denen sich negatives Einsamkeitserleben begrenzen lässt. Soziale Arbeit hat kein Monopol für derlei Strategien, kann aber aufgrund ihres geringen Spezialisierungsgrades und der daraus resultierenden diffusen Allzuständigkeit für komplexe Probleme (vgl. Galuske 2013, S. 36) daran beteiligt sein, solche Strategien zu entwickeln und umzusetzen. Von Erziehungsherausforderungen über Eheschwierigkeiten bis hin zur Arbeitslosigkeit und der Lebensqualität im Wohnquartier: Sozialarbeitende haben es mit gesellschaftlich geprägten Alltagsaspekten zu tun, die mit subjektivem Einsamkeitserleben verwoben sein können.

Thoma hat bereits 2013 darauf hingewiesen, dass es „erschreckend und interessant zugleich ist, dass Soziale Arbeit das Thema Einsamkeit kaum kommentiert hat" (Thoma 2013, S. 377). Daran hat sich auch nach fast einem Jahrzehnt nicht viel geändert (Ausnahmen: vgl. Schürholz, Noack 2021; vgl. Bürklin, Wunderer 2020).

Laut des Internationalen Zusammenschlusses der Profession Sozialer Arbeit (IFSW) „befähigt und ermutigt [Soziale Arbeit, M. N.] Menschen so, dass sie die Herausforderungen des Lebens bewältigen und das Wohlergehen verbessern, dabei bindet sie Strukturen ein“ (DBSH 2016). Insofern ist es eine sozialarbeiterische Aufgabe, negativem Einsamkeitserleben vorzubeugen und Menschen dazu zu befähigen, personen-, umfeld- und/oder gesellschaftsbezogene Aspekte zu bewältigen, die dazu führen, dass sie unter negativer Einsamkeit leiden. Negatives Einsamkeitserleben ist ein handlungsfeldübergreifendes Phänomen und kann allen Menschen gleichermaßen widerfahren. Es kann Kinder ebenso betreffen, wie Jugendliche und Senior*innen (vgl. Pinquart, Sörensen 2001, S. 258; Victor, Yang 2012, S. 96), alleinerziehende Personen (vgl. Hojnik, Kölbl, Noack 2022) und Menschen mit einer Suchterkrankung (vgl. Bürklin, Wunderer 2020). Negatives Einsamkeitserleben ist mit physischen sowie psychischen Beeinträchtigungen (vgl. Luhmann 2019) ebenso assoziiert, wie mit den gesellschaftlichen Herausforderungen, die sich aus dem flexiblen Kapitalismus (vgl. Sennett 1998), der sozialen Beschleunigung (vgl. Rosa 2018) sowie Individualisierungsprozessen (vgl. Beck 2002) ergeben können.

Daher gilt es, die Funktion Sozialer Arbeit zu berücksichtigen und verhaltens- mit verhältnisbezogenen Tätigkeiten zu verknüpfen, wenn mit Menschen sozial gearbeitet wird, die unter negativem Einsamkeitserleben leiden. Schaarschuch hat diese Funktion Sozialer Arbeit bereits 1999 auf den Punkt gebracht:

> „Die Bearbeitung des Verhältnisses von Individuum und Gesellschaft als ‚Vermittlung‘ kann als weithin geteilte, allgemeinste Bestimmung sozialer Arbeit gelten“ (Schaarschuch 1999, S. 64; vgl. auch Erath 2006, S. 13; Borrmann 2016, S. 85; Simon, Wendt 2019, S. 52 ff.).

Mit dem hier vorgestellten einsamkeitsbezogenen Regulationsmodell lässt sich reflektieren, wie personen-, umfeld- und gesellschaftsbezogene Aspekte zusammenwirken und dadurch die Handlungsmöglichkeiten eines Individuums beeinflussen, sein subjektives Einsamkeitserleben zu regulieren.

Aus Forschungsergebnissen der Studie KoKon (vgl. Kap. 5 und 6) geht hervor, dass ein und derselbe Aspekt *durch Einsamkeit entstehen* und *Einsamkeit erzeugen* kann. Eine Depression kann aus Einsamkeit resultieren und zu Einsamkeit führen. Das einsamkeitsbezogene Regulationsmodell basiert auf der theoretischen Begründung und empirischen Beobachtung, dass sich subjektives Einsamkeitserleben nicht kausal durch Ursache-Wirkungs-Ketten erklären lässt.

Wie das Modell theoretisch fundiert wurde, mit welchen empirischen Erkenntnissen der Studie KoKon es sich empirisch untermauern lässt und welchen Beitrag es für Soziale Arbeit mit Menschen leisten kann, die unter negativem Einsamkeitserleben leiden, wird in den folgenden Kapiteln dargestellt.

1. Was ist Einsamkeit?

Aus phänomenologischer Perspektive kann Einsamkeit als existenzieller Grundtatbestand des Menschen beschrieben werden (vgl. Plattner, Brandstötter, Paal 2021). In diesem Verständnis wird Einsamkeit nicht als Entzug vorausgegangener, aktueller oder zukünftig möglicher sozialer Kontakte begriffen, sondern der Mensch ist einsam, weil er ein Einzelner ist (vgl. Schellhammer 2018, S. 5). Seinem *einzig*artigem Wesen, das sich von anderen Personen nie umfassend verstehen, erfühlen und mitdenken lässt, kann ein Mensch nicht entkommen, er kann es nicht in Zwei- oder Mehrsamkeit auflösen. Aus der Unerreichbarkeit für sich selbst und für andere Personen speist sich die Würde eines Menschen.

Wenn Menschen nicht dazu in der Lage sind, mit sich allein zu sein, kann sich aus ihrer Einzigartigkeit negatives Einsamkeitserleben speisen. In diesem Zusammenhang wird die Kultivierung der Einsamkeitsfähigkeit thematisiert (vgl. Schellhammer 2018, S. 8).

Menschen, die mit Nähe und Distanz umgehen können, ohne von Nähe abhängig oder in Distanz und Isolation gefangen zu sein, sind dazu fähig, mit sich allein zu sein, was für eine erfüllende Zwei- und Mehrsamkeit voraussetzungsvoll ist (vgl. Schellhammer 2018, S. 7). Allerdings lässt sich subjektives Einsamkeitserleben nicht umfassend verstehen, wenn es einzig aus der Perspektive von Nähe- und Distanzverhältnissen bzw. Kontakt und Isolation untersucht wird.

Die Begriffe Einsamkeit und soziale Isolation werden zwar oft synonym verwendet, weisen aber Unterschiede in ihren Bedeutungen auf. Soziale Isolation ist die „objektive Isoliertheit einer Person“, für deren Bestimmung häufig unter anderem folgende Indikatoren herangezogen werden: „(1) Anteil der Singlehaushalte an allen Haushalten, (2) Anzahl der unverheirateten Erwachsenen, (3) Größe des sozialen Netzwerks oder (4) die Häufigkeit und Länge sozialer Interaktionen“ (Bücker et al. 2019a, S. 9). Aus der objektiv feststellbaren sozialen Isolation von Menschen lassen sich keine hinreichenden Rückschlüsse über ihr Einsamkeitserleben ziehen.

Soziale Isolation kann ein freiwilliger Zustand sein, um beispielsweise über eine „Selbstbegegnung und Selbstverdopplung“ (Assmann, Assmann 2000, S. 16) intellektuelle und künstlerische Kreativität zu generieren. Auch ohne das Bedürfnis nach Inspiration sind Menschen gerne mit sich allein und können dabei mit allem eins sein.[2] Wenn sich soziale Isolation eigenmächtig verändern lässt, indem subjektiv sinnvolle soziale Kontakte aufgebaut und/oder reaktiviert werden, führt sie nicht zu leiderfülltem negativem Einsamkeitserleben.

Negativ erlebte Einsamkeit lässt sich jedoch nicht mit fehlenden oder geringen sozialen Kontakten gleichsetzen. Menschen können sich einsam fühlen, obwohl sie eine große Familie und ein dichtes Bekannten-, Freund*innen- und/oder Kolleg*innennetzwerk haben.[3]

Um Einsamkeit zu verstehen und zu erforschen, ist es infolgedessen hilfreich, zwischen freiwilligem und unfreiwilligem Einsamkeitserleben zu unterscheiden:

- *Freiwillige Einsamkeit* resultiert aus einem willentlich gewählten bzw. willentlich nicht veränderten reduzierten oder einem fehlenden Bestand subjektiv sinnvoller Kontakte. Wenige, fehlende oder selten stattfindende soziale Kontakte sind zwar objektiv als soziale Isolation feststellbar, werden subjektiv aber nicht als Mangel erlebt.
- *Unfreiwillige Einsamkeit* wird in Anlehnung an Peplau und Perlman (1982) als Resultat unerfüllter Erwartungen an die Qualität und Quantität sozialer Beziehungen definiert. Unfreiwilliges Einsamkeitserleben entsteht, wenn die Anzahl, die Frequenz und/oder die Sinnhaftigkeit sozialer Beziehungen nicht den subjektiven Ansprüchen entsprechen.

Mit dieser Unterscheidung lässt sich Einsamkeit als subjektive Erfahrungs- und Seinsweise auf einem Kontinuum zwischen erfüllender sozialer Einbettung sowie gewollter Einsamkeit, nach der es manche Menschen giert und unfreiwilliger Einsamkeit, an der andere Menschen zugrunde gehen, beschreiben (vgl. Schellhammer 2018, S. 7).

---

2 Für dieses Wortspiel, was für die Unterscheidung freiwilliger und unfreiwilliger Einsamkeit sensibilisiert, dankt der Autor Wolfgang Hinte.

3 Dies geht aus den Daten der Studie KoKon hervor. Um das Einsamkeitserleben der Befragten zu ermitteln, wurde ein indirektes Maß für Einsamkeit angewendet (vgl. Kap. 3.1). In den Kommentaren fanden sich auch Hinweise auf unfreiwilliges Einsamkeitserleben bei familiär oder freundschaftlich eingebundenen Personen.

Abbildung 1: Einsamkeitskontinuum

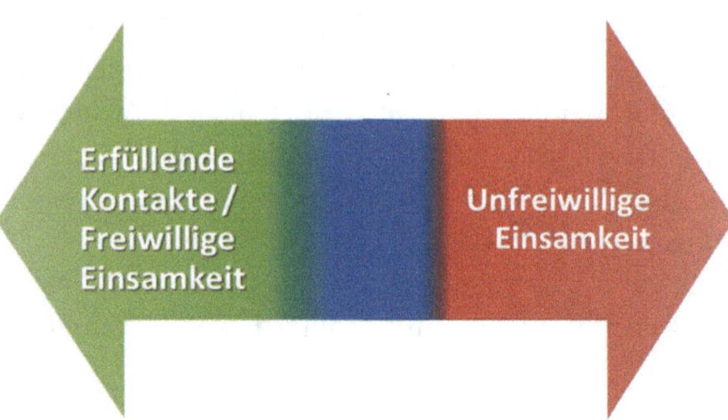

Ein Extrempol des Einsamkeitserlebens stellt die erfüllende soziale Einbindung dar. Sie ist ein Zustand, bei dem ein Mensch mit seinen sozialen Kontakten zufrieden ist, weil sie seinen subjektiven Ansprüchen entsprechen. Zu diesem Pol gehört auch die freiwillige Einsamkeit. Sie ist ein Zustand, bei dem ein Mensch seine sozialen Kontakte nicht als subjektiv sinnvoll erlebt, aber nicht darunter leidet.

Auch ein Mensch, der keine sozialen Kontakte hat und sich nicht um Kontakte bemüht, weil er unter seiner Kontaktlosigkeit nicht leidet, ist freiwillig einsam. Der andere Extrempol ist die unfreiwillige Einsamkeit. Sie entsteht, wenn ein Mensch darunter leidet, soziale Kontakte zu haben, die seinen subjektiven Ansprüchen nicht genügen oder gar keine Kontakte zu haben.

Menschen können in verschiedenen Lebensbereichen unfreiwillige Einsamkeit, freiwillige Einsamkeit und eine erfüllende soziale Einbindung erleben. Aus ihrem Eheleben kann eine Person Lebenssinn schöpfen, kann sich aber an ihrem Arbeitsplatz freiwillig aus Arbeitskontakten zurückgezogen haben, um sich bei wichtigen beruflichen Tätigkeiten nicht ablenken zu lassen. Im Freundeskreis kann die Person unfreiwillige Einsamkeit erleben, weil die Gespräche und Interaktionen nicht ihren Ansprüchen entsprechen.

In diesem Buch wird vorrangig der Pol des unfreiwilligen Einsamkeitserlebens fokussiert, wobei auch die Bewegungen zu den Polen der erfüllenden sozialen Einbindung sowie zur freiwilligen Einsamkeit und wieder zurück in den Blick genommen werden. Diese Bewegungen werden als bewusste und unbewusste Einsamkeitsregulationen bezeichnet und analysiert.

2. Was ist Einsamkeitsregulation?

Erfüllende soziale Einbindung, freiwillige Einsamkeit und unfreiwillige Einsamkeit werden vor dem Hintergrund des in Kapitel 1 geschilderten Einsamkeitsbegriffs nicht als Gegensätze, sondern als Pole verstanden, zwischen denen sich das Einsamkeitserleben eines Menschen in seinen verschiedenen Lebensbereichen bewegt.

Die Idee, Einsamkeit als Erlebniskontinuum zu fassen, ließ sich mit dem von Antonovsky (1997, S. 21 ff.) beschriebenen Gesundheitskontinuum vertiefen. Insbesondere die gesundheitsbezogene Analyse der subjektiven Bewertung subjektendogener und -exogener Stressoren sowie der individuellen Möglichkeiten und Grenzen, diese Stressoren zu bewältigen, bildete eine Orientierungsgrundlage, um die theoretische Perspektive der Einsamkeitsregulation zu schärfen und sie praxisorientiert zu konkretisieren.

Um zu verstehen, wie und warum sich subjektives Erleben auf dem Einsamkeitskontinuum verändert, ist es hilfreich, die Frage zu klären, wie unfreiwilliges Einsamkeitserleben entsteht. Diese Frage wurde Bezug nehmend auf konstruktivistische Theorieansätze bearbeitet. Es gibt nicht die eine konstruktivistische Theorie. Es haben sich in verschiedenen Disziplinen unterschiedliche theoretische Ansätze entwickelt, deren gemeinsamer Kern in der Annahme besteht, dass die subjektive Perspektivität eines jeden Erlebens nicht hintergangen werden kann (vgl. Hug 2015, S. 455). Einsamkeit ist eine subjektive Erlebnisperspektive. Konstruktivistische Theorieansätze ermöglichen es, Konstruktionsmechanismen subjektiven Einsamkeitserlebens zu verstehen.

Aus der in einsamkeitsbezogenen Fachdiskursen geteilten Auffassung, wonach Einsamkeit als subjektives Gefühlserleben zu verstehen ist (vgl. Kap. 1), geht nicht hervor, wie und wodurch einsamkeitsbezogenes Gefühlserleben reguliert wird. Im Forschungsfeld der Emotionsregulation wird Einsamkeit als ein Gefühl neben anderen analysiert, das durch Menschen teilweise bewusst, teilweise unbewusst mit erfolgreichen und weniger erfolgreichen Strategien reguliert wird (vgl. Barnow 2020). Die Frage, welche Strategien denkbar sind, um Einsamkeitserleben zu regulieren, wurde basierend auf entsprechenden Erkenntnissen aus dem Wissenschaftsgebiet der Emotionsregulation bearbeitet.

Im Folgenden wird genauer dargestellt, inwiefern sich die Einsamkeitsregulation durch diese drei theoretische Modelle fundieren lässt.

Antonovsky (1997, S. 21 ff.) versteht Gesundheit als einen Pol auf einem „Gesundheits-Krankheits-Kontinuum". In diesem Verständnis kann ein Mensch nie komplett gesund sein, da er immer als gesund und krank zugleich betrachtet wird.

Der menschliche Gesundheitsstatus wird also nicht dichotomisiert, indem ein Mensch als krank oder gesund klassifiziert wird. Der Gesundheitszustand von Menschen lässt sich auf Punkten eines Kontinuums verorten, das von den beiden Extrempolen einer absoluten Gesundheit und einer absoluten Krankheit begrenzt wird.

Der Gesundheitszustand eines Menschen auf diesem Kontinuum wird durch sogenannte Stressoren beeinflusst. Antonovsky (vgl. 1979, S. 184 ff.) unterscheidet zwischen endogenen (beispielsweise belastende Lebensereignisse) und exogenen Stressoren (beispielsweise Bakterien und Umwelteinflüsse). Diese Stressoren wirken auf das Individuum ein und lösen einen psychischen und physischen Spannungszustand aus, den der Mensch versucht zu bewältigen.

Stressoren können positive und negative Auswirkungen auf die Gesundheit haben. Sie sind im Leben eines Menschen allgegenwärtig, können also nicht unterbunden werden.

Wie Menschen Stressoren subjektiv bewerten und wie sie diese bewältigen, beeinflusst die gesundheitlichen Auswirkungen von Stressoren. Wenn ein Spannungszustand nicht erfolgreich bewältigt wurde, entsteht ein Stresszustand, der bei vulnerablen Personen die Gefahr der Krankheitsentstehung erhöht. Durch eine erfolgreiche Bewältigung von Spannungszuständen bewegen sich Menschen eher in die Richtung des Gesundheitspols.

Stressoren können durch allgemeine Widerstandsressourcen (Generalized Resistance Resources) bewältigt werden. Dabei unterscheidet Antonovksy (vgl. 1979, S. 99) folgende Ressourcenbereiche:

- personale Ressourcen (z. B. Ich-Identität, Selbstwertgefühl),
- körperliche Ressourcen (z. B. stabile körperliche Konstitution),
- soziale Ressourcen (z. B. starke soziale Bindungen, die Unterstützungsmöglichkeiten bieten, aber auch religiöse und philosophische Orientierung),
- materielle Ressourcen (z. B. Geldbesitz und Vermögen).

In welchen sozialen und materiellen Lebensverhältnissen Menschen aufwachsen, entscheidet darüber, welche Widerstandsressourcen sie aufbauen können. Ein Mensch, der über umfangreiche Widerstandsressourcen verfügt, wird eher die Erfahrung machen, sein Leben bewältigen zu können als eine Person mit geringen Widerstandsressourcen.

Durch erfolgreiche Bewältigungserfahrungen können sich positive Lebenserfahrungen entwickeln, durch die Menschen Orientierung in ihrem Leben erhalten, die Antonovsky „sense of coherence“ (Kohärenzgefühl) nennt (vgl. ebd., S. 184 f.). Antonovsky bezog sich mit diesem Begriff auf die Überzeugung und Zuversicht von Menschen, ihr Leben verstehen und bewältigen zu können. Diese Lebensorientierung setzt sich aus drei miteinander verwobenen Komponenten zusammen (vgl. ebd.):

- Gefühl der Verstehbarkeit („sense of comprehensibility“): Gefühl, das eigene Leben zu begreifen und es strukturieren zu können.
- Gefühl der Bewältigbarkeit („sense of manageability): Vertrauen darin, mit den Anforderungen im Leben fertigwerden zu können.
- Gefühl der Sinnhaftigkeit („sense of meaningfulness“): Eindruck, dass das Leben einen Sinn hat und es sich lohnt Anforderungen zu bewältigen.

Rückschlüsse für die Einsamkeitsregulation:

- Auch das Einsamkeitserleben eines Menschen kann sich in seinen verschiedenen Lebensbereichen zwischen den Extrempolen der erfüllenden sozialen Einbindung sowie freiwilliger Einsamkeit und unfreiwilliger Einsamkeit bewegen.
  Wenn eine Person in allen ihren Lebensbereichen in subjektiv sinnvolle soziale Kontakte eingebunden ist, ist sie trotzdem in ihrer Haut, in ihrer Lebensgeschichte und in ihrem Wirklichkeitserleben gefangen: „Deutlich bringt Reinhard Mey (1990) diese Erfahrung in seinem Lied ‚Allein‘ zum Ausdruck: ‚Allein, wir sind allein, wir kommen und wir gehen ganz allein. Wir mögen noch so sehr geliebt, von Zuneigung umgeben sein. Die Kreuzwege des Lebens gehen wir immer ganz allein‘ “ (Schellhammer 2018, S. 5). Ein Mensch, der sich freiwillig aus sozialen Kontakten zurückzieht, wird trotzdem nie ganz umhin kommen, andere Menschen zu sehen und mit ihnen zu sprechen, sei es beim Einkauf oder beim Spazierengehen. Dasselbe gilt für unfreiwillig vereinsamte Menschen. Menschen, deren unfreiwillige Einsamkeit aus einem nicht erfüllten Anspruch an die Qualität sozialer Kontakte resultiert, interagieren und sprechen mit anderen Personen, auch wenn sie diese Kontakte als nicht sinnvoll erleben. Und ein Mensch, der darunter leidet, in keinem seiner Lebensbereiche soziale Kontakte zu haben, ist dennoch von Menschen umgeben.
- Wie sich das Einsamkeitserleben von Menschen auf dem Einsamkeitskontinuum entwickelt, hängt ebenfalls von endogenen und externen Faktoren ab. Diese Faktoren werden nicht als Stressoren bezeichnet, sondern als Regulatoren. Der Unterschied zwischen Einsamkeitsregulatoren und gesundheitsbezogenen Stressoren besteht darin, dass ein Regulator Einsamkeitserleben

beeinflussen und vom Einsamkeitserleben einer Person beeinflusst werden kann. Eine Folge einer schlechten körperlichen Konstitution kann unfreiwillige Einsamkeit sein, etwa dann, wenn eine ältere Person aufgrund von Bewegungseinschränkungen soziale Kontakte einschränken muss. Unfreiwillige Einsamkeit kann jedoch auch zu gesundheitlichen Beeinträchtigungen führen, wie es bereits in der Einleitung dieses Buches verdeutlicht wurde.

Regulatoren können Ressourcen und Bürden sein. Es kommt auf die Ausprägung eines Regulators an, wie er subjektives Einsamkeitserleben reguliert. Der Erziehungsstatus einer Person kann mit unfreiwilliger Einsamkeit oder erfüllender sozialer Einbettung korrespondieren. Wenn Sorgetätigkeiten partnerschaftlich geteilt werden, können die Partner*innen subjektiv sinnvolle Freundschaften knüpfen und pflegen. Eine alleinerziehende Person, die aufgrund ihrer beruflichen Tätigkeiten und ihrer Sorgetätigkeiten keine Zeit findet, subjektiv sinnvolle Kontakte zu gleichaltrigen Menschen zu knüpfen und zu pflegen, kann sich unfreiwillig einsam fühlen. Sie nimmt dann eine Diskrepanz zwischen ihrem Anspruch an die Art sozialer Kontakte und ihrem vorhandenen Kontaktnetz wahr.

Die Frage, wie Diskrepanzen zwischen dem Anspruch an die Qualität und/oder die Quantität sozialer Kontakte und der Anzahl sowie Beschaffenheit vorhandener sozialer Kontakte subjektiv wahrgenommen werden, lässt sich mit konstruktivistischen Ansätzen reflektieren.

Einsamkeitserleben als subjektives Wahrnehmungskonstrukt

Konstruktivistische Theorieansätze basieren unter anderem auf der „Black Box“-Annahme. Ein Beobachter kann das Verhalten einer anderen Person beobachten, aber nicht die für dieses Verhalten ursächlichen kognitiven Aspekte subjektiver Wirklichkeitskonstruktionen. Wer die Ursachen subjektiven Erlebens und Verhaltens verstehen will, befindet sich in derselben Situation, wie eine Person, die sich mit der Funktionsweise eines extraterrestrischen Computers befasst, der sich nicht öffnen lässt. Sie kann das Äußere des Computers analysieren und beobachten, welche Effekte durch die Bedienung verschiedener Tasten ausgelöst werden. Zudem kann sie vielleicht Rechengeräusche hören. Wenn sie kreativ ist, kann sie ein Modell zur Funktionsweise des Computers entwickeln. Aber sie kann nicht davon ausgehen, dass dieses Modell die Funktionsweise des Computers hinreichend erklärt.

Ein zentraler Ansatz unter den konstruktivistischen Theorien ist der „radikale Konstruktivismus“. Der radikale Konstruktivismus geht vor allem auf Ernst von Glasersfeld (1996) zurück. Glasersfeld beschäftigte sich mit der Frage, warum und wie wir eine subjektive Wirklichkeit konstruieren. Die „Warum-Frage“ beantwortet er bündig in zwei Schritten:

„(a) Die Funktion der Kognition ist adaptiver Art, und zwar im biologischen Sinne des Wortes, und zielt auf Passung oder Viabilität; (b) Kognition dient der Organisation der Erfahrungswelt des Subjekts und nicht der ‚Erkenntnis‘ einer objektiven ontologischen Realität“ (Glasersfeld 1996, S. 96).

Das Potenzial des Begriffs der Viabilität besteht in der Auflösung des Realismus-Problems im Konstruktivismus. Um Glasersfelds radikalen Konstruktivismus zu verstehen, ist seine Ablehnung solipsistischer Ansätze zu berücksichtigen, die im Kern davon ausgehen, dass nichts außerhalb des eigenen Bewusstseins existiert. Glasersfeld geht von einer das Individuum umgebenden Realität aus, die jedoch nicht objektiv vom Subjekt erkannt werden kann. Stattdessen eignen wir uns Kompetenzen an, die unserer Lebensbewältigung dienlich sind. Wenn diese unserem Bewältigungshandeln nicht mehr dienlich sind, modifizieren wir sie, bis sie wieder passend bzw. viabel sind. Insofern können subjektive Wirklichkeitskonstruktionen in die objektive Realität hineinpassen, sie sind aber nicht mit ihr identisch. Stellen wir uns einen blinden Wanderer vor, der einen Wald durchquert: Er kann zwischen den Bäumen viele Wege finden. Alle diese Wege sind viabel, solange er nicht gegen die Bäume stößt. Auch die Frage, wie wir viable Wirklichkeiten konstruieren, beantwortet Glasersfeld (1996, S. 96) kurz und bündig:

„(a) Wissen wird nicht passiv aufgenommen, weder durch die Sinnesorgane noch durch Kommunikation. (b) Wissen wird vom denkenden Subjekt aktiv aufgebaut“.

Glasersfeld weist auf Piagets konstruktivistische Theorie des Wissens hin, die seinen Ansatz des radikalen Konstruktivismus maßgeblich beeinflusst hat (vgl. Glasersfeld 1996, S. 39). Eine der Kernaussagen in Piagets Ansatz besteht darin, dass alles „Wissen einen außenweltlichen Ursprung hat und aus der Erfahrung stammt“ (Piaget 1973, zit. n. Glasersfeld 2015, S. 82), womit die Rolle der Erfahrung für die subjektiv vollzogene Wirklichkeitskonstruktion hervorgehoben wird. Damit sind auch die beiden Fundamente in Piagets Theorie der Entwicklung kognitiver Strukturen angesprochen: Die Assimilation und die Akkommodation.

„Eine Wahrnehmung, mit der aufgrund von positiven Erfahrungen eine spezifische Handlung assoziiert worden ist, erhärtet sich gewissermaßen als Erkennungsschablone, die aus [...] einzelnen Sinnessignalen besteht. Werden diese Daten mehr oder weniger zusammenhängend wahrgenommen, so werden sie an die bekannte Schablone ‚assimiliert‘ und lösen die assoziierte Handlung aus“ (Glasersfeld 2015, S. 85).

Während die Assimilation einen Vorgang beschreibt, bei dem Sinnessignale, die in erhärtete Erkennungsschablonen passen, diesen zugeordnet werden und dadurch die mit der Erkennungsschablone assoziierte Handlung auslösen, nutzt Piaget den Begriff der Akkommodation zur Beschreibung von Modifikationen erhärteter Erkennungsschablonen.

> „Perturbation kann mehrere Formen annehmen. Einerseits kann die erwartete Folge auf die Handlung ausbleiben; in diesem Fall kann die Enttäuschung zu einer Änderung, das heißt, Akkommodation der Erkennungsschablone führen, oder zu einer Änderung der Handlungsweise. Andererseits, wenn die Handlung ein unerwartetes aber nützliches oder interessantes Ergebnis zeitigt, kann das Handlungsschema, so wie es ist als neues, weiterhin brauchbares beibehalten werden" (ebd., S. 86).

Rückschlüsse für die Einsamkeitsregulation:

- Die „Black Box"-Annahme lässt sich mit der Auffassung von Einsamkeit als subjektivem Gefühlserleben verknüpfen. Über ihr Einsamkeitserleben können nur Subjekte als Gefühlsträger Aufschluss geben. Wenngleich sich soziale Isolation durch Indikatoren messen lässt (vgl. Kap. 3), bleibt die Frage offen, ob sie mit freiwilligem oder unfreiwilligem Einsamkeitserleben einhergeht.
- Der Begriff „Viabilität" sensibilisiert für die subjektive Wahrnehmung und den individuellen Umgang mit Kontaktdiskrepanzen. Wenn eine Diskrepanz zwischen dem Anspruch an die Qualität und/oder die Quantität sozialer Kontakte und der Anzahl sowie Beschaffenheit vorhandener sozialer Kontakte subjektiv wahrgenommen wird, kann dies zu unfreiwilligem Einsamkeitserleben führen.

Dazu ein Beispiel: Wenn einer Frau in ihrer Ehe emotionale Unterstützung wichtig ist, ihr Ehepartner sich aber nicht mit ihren Problemen beschäftigt, passt das Eheleben nicht zu ihren Eheabsichten. Das Eheleben ist für die Ehefrau nicht viabel. Ihre subjektive Absicht passt nicht zu ihrem Erleben der ehelichen Interaktion. Das nicht erfüllende Eheleben aktiviert unfreiwilliges Einsamkeitserleben. Ihrem „Eheleben" ist die Frau jedoch nicht ausgeliefert, sie kann bezogen darauf viabel handeln. Viabel zu handeln bedeutet nach Foerster (vgl. 2003, S. 303) so zu handeln, dass sich die Anzahl der Möglichkeiten vergrößert.

Konstruktivistisch gedacht gibt es bei der Verwirklichung einer Absicht nicht den einen richtigen Weg, sondern unzählige brauchbare und passende Möglichkeiten. Die Frau kann mit ihrem Ehemann eine Eheberatung aufsuchen oder sich von ihm trennen, wenn er nicht dazu bereit ist, an der Partnerschaft zu arbeiten. Es wäre jedoch zu kurz gedacht, anzunehmen, Einsamkeitsregulationen ließen sich stets individuell beeinflussen.

Neben personen- und einbettungsbezogenen Regulatoren beeinflussen auch gesellschaftsbezogene Regulatoren die einsamkeitsbezogene Organisation subjektiver Erfahrungen. Würde die Frau einem gesellschaftlichen Eherecht unterliegen, das ihr keine Scheidungsoption ermöglicht, aktiviert die Relation, in der die Regulatoren „Eheleben" und „Eherecht" zueinander stehen, unfreiwilliges Einsamkeitserleben, da sie ihren Ehestatus nicht eigenmächtig verändern könnte.

- Dass Erfahrungen subjektive Wirklichkeitskonstrukte beeinflussen, kann eine Erklärung dafür sein, dass sich nicht alle Menschen mit ihrem unfreiwilligen Einsamkeitserleben auseinandersetzen. Menschen können die Erfahrung gemacht bzw. beobachtet haben, dass unfreiwillig vereinsamte Menschen stigmatisiert werden. Unfreiwillige Einsamkeit kann sich negativ auf den sozialen Status auswirken, wenn sie auf soziale Inkompetenz, ein uninteressantes Leben oder Eigenbrötlerei zurückgeführt wird. Um den eigenen Selbstwert nicht zu destabilisieren, können Menschen unfreiwilliges Einsamkeitserleben, das mit dem Gefühl einhergeht, sozial versagt zu haben, aus ihrer Wahrnehmung verdrängen.

Damit ist das dritte Theorem angesprochen, die Emotionsregulation.

Einsamkeit als (un)bewusst reguliertes Gefühlserleben

Bei der Emotionsregulation handelt es sich um ein Wissenschaftsgebiet, in dem die Frage bearbeitet wird, wie Menschen mit Emotionen umgehen, wie Emotionen erlebt und ausgedrückt werden (vgl. Gross 2008, S. 498 ff.). Es gibt keine einheitliche Theorie der Emotionsregulation (vgl. Koole 2009, S. 4). In den meisten Ansätzen wird Emotionsregulation als die bewusste und unbewusste Wahrnehmung sowie Äußerung von Gefühlen verstanden (vgl. Znoj, Herpertz, Mundt 2008, S. 158 ff.), die damit einhergehen kann, dass positive und negative Gefühle gesteigert, aufrechterhalten oder vermindert werden (vgl. Gross 2002, S. 281 ff.). Das Erleben von Emotionen wird durch die teils bewusste und teils unbewusste Bereitschaft, sich von Gefühlen erregen zu lassen sowie durch die ebenfalls teils bewusste und teils unbewusste Bewertung von Gefühlen reguliert (vgl. Koole 2009, S. 10).

Einsamkeit wird in diesem Forschungsfeld als Emotion verstanden (vgl. Lammers 2011, S. 269). Neben der subjektiven Erregung durch Gefühle und der subjektiven Bewertung von Gefühlen kann das Gefühlserleben auch von kontextuellen Faktoren, wie der sozialen Situation reguliert werden. Erzeugt die Kritik an den eigenen sportlichen Leistungen nach einem Fußballspiel durch die Mitspieler*innen Traurigkeit, kann es sinnvoll sein, diese Emotion zu unterdrücken, bis sie im familiären Kontext verarbeitet werden kann, wohingegen unterdrückte Trauer aufgrund einer diagnostizierten Krankheit dysfunktional ist (vgl. Lammers 2011, S. 95).

Nicht allen Menschen gelingt eine bewusste Emotionsregulation. Längerfristig scheiternde Emotionsregulationen können zu psychischen Beeinträchtigungen führen (vgl. Gruber, Harvey, Gross 2012).

Ähnlich wie in Piagets Ansatz, demnach die Perturbation zur Modifikation von Erkennungsschablonen führen kann, gehen Horowitz und Znoj (1999) davon aus, dass krisenhafte Erlebnisse, die nicht mit kognitiven Schemata vereinbar sind, zu einer Dissonanz führen, die sich durch negative Emotionen äußert. Diese Dissonanz setzt Kontrollprozesse in Gang, um das Selbstbild oder die Sichtweise auf Interaktionspartner*innen zu beeinflussen. Diese Kontrollprozesse können bewusst oder unbewusst, gezielt oder routinisiert ablaufen.

Koole (2009) unterscheidet bewusste Emotionsregulationsstrategien unter anderem danach, ob sie bedürfnis- oder personenorientiert sind. Bei bedürfnisorientierten Emotionsregulationsstrategien lenkt eine Person ihre Aufmerksamkeit durch körperliche Aktivitäten, wie Sport, Essen oder Rauchen, weg von negativen und hin zu positiven Informationen. Dadurch wird es ihr möglich, situative oder kontextuelle Aspekte neu zu interpretieren. Auch personenorientierte Emotionsregulationsstrategien sind von einer Aufmerksamkeitsumlenkung gekennzeichnet. Dafür werden jedoch andere Mittel eingesetzt, wie etwa die Auseinandersetzung mit der eigenen Biographie oder kognitive Tätigkeiten, wie Schreiben und Lesen.

Rückschlüsse für die Einsamkeitsregulation:

- Einsamkeit ist eine subjektiv erlebte Emotion. Einsamkeitserleben ist regulierbar. Einsamkeitsregulation erfolgt ebenfalls durch teils bewusste und durch teils unbewusste Mechanismen.
- Einsamkeitsbezogen ist der Regulationsbegriff in rekursiver Hinsicht zu erweitern. Eine rekursive Einsamkeitsregulation liegt vor, wenn Einsamkeitserleben Einsamkeitsregulatoren beeinflusst. Regulatoren aktivieren oder bremsen Einsamkeit nicht nur, sondern werden durch Einsamkeitserleben auch aktiviert oder gebremst. So kann unfreiwillige Einsamkeit zu depressiven Symptomen wie einer traurig-bedrückten Stimmung, Freudlosigkeit und Gefühllosigkeit führen, wodurch die psychische Verfassung beeinflusst wird (vgl. Abbildung 2).

Abbildung 2: Rekursive Einsamkeitsregulation

Auch Einsamkeit kann positiv oder negativ reguliert werden. Ein positiver Regulationsmechanismus besteht darin, das negative Erleben unfreiwilliger Einsamkeit neu zu bewerten, worauf Forschungsergebnisse der Studie Ko-Kon hindeuten (vgl. Kap. 6.2). So gab es Befragte, die das Alleinsein während der KB nicht negativ erlebten, weil sie die Zeit als Chance einschätzten und sie dafür nutzten, sich mit sich selbst zu beschäftigen, ihr Leben zu reflektieren und über ihre Lebensziele nachzudenken. Ein negativer Regulationsmechanismus kann darin bestehen, unfreiwilliges Einsamkeitserleben zu verdrängen. Dadurch lassen sich Einsamkeitssignale jedoch nicht stoppen. Wer Hunger verspürt, erhält das Signal, sich um Nahrung zu bemühen. Wer sich unfreiwillig einsam fühlt, empfängt das Signal, sich um seine Kontaktgestaltung zu kümmern (vgl. Cacioppo et al. 2015). Unfreiwilliges Einsamkeitserleben resultiert aus sozialem Schmerz, einem Frühwarnsystem, das sich im Zuge der menschlichen Evolution entwickelt hat. Es förderte die Gruppenbindung und somit das Überleben des Einzelnen, indem isolierende Verhaltensweisen vermieden wurden. Isolierende Verhaltensweisen zu vermeiden war überlebenswichtig. Wenn Menschen in archaischen Stammesgesellschaften ihr Verhalten anpassten, um Abweisungen ihrer Gruppe zu vermeiden, steigerte dies ihre Überlebenschancen, weil sie nicht von der Gruppe verstoßen wurden. Menschen, die von ihrer Gruppe ausgestoßen wurden, hatten kaum Überlebenschancen. Deswegen ist die Erfahrung, abgewiesen zu werden, mit Schmerz verbunden (vgl. Cacioppo, Patrick 2011 [2008]).

- Ähnlich wie Menschen, die aufgrund längerfristig scheiternder Emotionsregulationen unter psychischen Beeinträchtigungen leiden, können Menschen, die dauerhaft unter unfreiwilliger Einsamkeit leiden, in eine Abwärtsspirale geraten. Wie körperlicher Schmerz ist auch sozialer Schmerz ein Gefahrensignal, das mit Stress einhergeht, der wiederum zu Abwehr- und Fluchtverhalten führen kann. Zu Abwehrverhalten kann es kommen, weil soziale Signale von Menschen, die chronisch unter unfreiwilliger Einsamkeit leiden, intensiver wahrgenommen werden. Es fällt ihnen jedoch schwerer sie zu verstehen, bzw. sie nicht falsch zu verstehen. Es kann zu kognitiven Verzerrungen kommen, die sich beispielsweise darin äußern, dass neutrale Gesichtsausdrücke als ablehnend interpretiert werden (vgl. Cacioppo, Cacioppo 2014, S. 67). Solche kognitiven Verzerrungen können dazu führen, dass sich unfreiwillig vereinsamte Menschen von sozialen Interaktionen bedroht fühlen. Mit sozialen Interaktionen werden negative Erwartungen verbunden und bei Erinnerungen an soziale Interaktionen stehen negative Informationen im Vordergrund (vgl. Cacioppo, Hawkley 2010, S. 450). Unfreiwillig einsame Menschen können das Gefühl entwickeln, dass die ganze Welt gegen sie ist. Dann tendieren sie dazu, sich weiter zurückzuziehen, um sich zu schützen. Dieses Fluchtverhalten kann von anderen

Menschen als Gleichgültigkeit, Kaltherzigkeit und/oder Gefühlslosigkeit wahrgenommen werden.

An dieser Stelle lässt sich folgendes zusammenfassen: Ansätze der Emotionsregulation sensibilisieren dafür, dass positive aber auch negative Einsamkeitsregulationen denkbar sind, und dass diese Regulationen bewusst oder unbewusst verlaufen können. Durch konstruktivistische Ansätze lässt sich verstehen, wie unfreiwillige Einsamkeitsgefühle entstehen. Wird eine Diskrepanz zwischen dem subjektiven Anspruch an die Anzahl und die Qualität sozialer Kontakte und ihres tatsächlichen Umfangs und ihrer Beschaffenheit als belastend wahrgenommen, resultiert daraus unfreiwillige Einsamkeit. Je länger unfreiwillige Einsamkeitsgefühle erlebt werden, desto eher kann die subjektive Wahrnehmung von Kontaktmöglichkeiten verzerrt sein, weil Signale potenzieller Interaktionspartner*innen als bedrohlich eingestuft werden.

Mit Antonovskys Gesundheits-Krankheits-Kontinuum lässt sich verdeutlichen, dass ein Mensch nicht zwangsläufig in allen seinen Lebensbereichen dieselben Einsamkeitserlebnisse haben muss. Das Stressorenmodell sensibilisiert dafür, dass die Möglichkeiten, Einsamkeitserleben individuell zu regulieren, begrenzt sind.

Zwar wird aus phänomenologischer Perspektive nachvollziehbar auf die Einsamkeitsfähigkeit als Voraussetzung für Nähe und Distanz verwiesen, doch der Befähigungsaspekt ist nur die eine Seite der Medaille. Mit dem Capability Approach (Befähigungsansatz) (vgl. Nussbaum 1999) lässt sich für die Regulation unfreiwilliger Einsamkeit der Zusammenhang zwischen objektiv vorhandenen Selbstverwirklichungschancen und der individuellen Handlungsbefähigung eines Menschen, aus diesen Chancen jene auszuwählen, mit denen er seinen Lebensentwurf verwirklichen kann, verdeutlichen.

Neben personenbezogenen Aspekten, können auch einbindungs- und gesellschaftsbezogene Aspekte dazu führen, dass ein Mensch aufgrund fehlender Kontakte, selten stattfindender Kontakte oder subjektiv nicht sinnvoll erlebter Kontakte unter unfreiwilliger Einsamkeit leidet.

Personenbezogene Aspekte betreffen die Mikroebene, einbindungsbezogene Aspekte die Mesoebene und gesellschaftsbezogene Aspekte die Makroebene der Einsamkeitsregulation. In der Soziologie stellt die Unterscheidung in Mikro-, Meso- und Makroebene ein häufig genutztes Grundmodell dar, um das Wechselverhältnis von Strukturen und sozialem Handeln zu analysieren (Feldmann, Immerfall 2021, S. 11). Hier wird dieses Grundmodell genutzt, um Wechselwirkungen zwischen personen-, umfeld- und gesellschaftsbezogenen Aspekten bei der Entstehung und Regulation unfreiwilliger Einsamkeit zu analysieren.

Mikroansätze fokussieren die psychische und physische Verfassung von Individuen und ihre engen bzw. intim-erotischen Interaktionen. Dabei wird analysiert, warum Menschen unter bestimmten Bedingungen handeln, wie sie handeln und von welchen Emotionen, Einstellungen, Gedanken, Wünschen, Hoffnungen sowie Erwartungen sie dabei geleitet werden (vgl. Feldmann, Immerfall 2021, S. 45 ff.). Darüber hinaus werden intim-erotische Bindungen und die Rollen- sowie Arbeitsaufteilung im familiären Haushalt untersucht, wozu auch familienähnliche Haushaltsformen wie Wohngemeinschaften zählen. (vgl. Feldmann, Immerfall 2021, S. 13; Mühling, Rupp 2008, S. 79) Aspekte der Mikroebene, die mit der Entstehung und der Veränderung unfreiwilliger Einsamkeit zusammenhängen, werden als Mikroregulatoren bezeichnet.

Die *Mesoebene* bildet eine Klammer zwischen der Mikro- und der Makroebene. Diese Klammer wird gebildet durch:

- „Werte, Normen, Deutungen – darüber, wie viel und welche Weisen von Alleinsein oder Verbundenheit für einzelne Personen und bestimmte Situationen normal, noch angemessen oder schon schädlich sind" (Stallberg 2021, S. 14),
- die Einbettung einzelner Personen in freundschaftliche sowie nachbarschaftliche Netzwerke bzw. Kleingruppen und
- die Einbindung einzelner Personen in handlungskoordinierende organisatorische Strukturen (vgl. Feldmann, Immerfall 2021, S. 192).

Aspekte der freundschaftlichen, nachbarschaftlichen und institutionellen Einbindung sowie soziokulturelle Wertvorstellungen zur Angemessenheit, Anzahl und Beschaffenheit sozialer Kontakte eines Menschen werden als Mesoregulatoren bezeichnet.

Im Fokus der *Makroebene* stehen die Struktur und der Wandel gesellschaftspolitischer Prozesse, die soziale Ungleichheit und Inklusions- sowie Exklusionsprozesse beeinflussen und damit die Teilhabechancen einzelner Menschen prägen (vgl. Feldmann, Immerfall 2021, S. 14, 25, 35). Die gesellschaftlichen Teilhabechancen einer Person, die die Zugehörigkeit zu einer großen Gemeinschaft oder Gesellschaft beeinflussen, werden hier als Makroregulatoren bezeichnet. Dazu gehören unter anderem gesellschaftliche und politische Prozesse, die den sozioökonomischen Status einer Person beeinflussen. Mit Lampert und Kroll (2009, S. 309 f.) lässt sich der Begriff sozioökonomischer Status als soziale Position einer Person in der Gesellschaft verstehen. Der sozioökonomische Status wird häufig erfasst, indem Informationen zu schulischen und beruflichen Bildungschancen, zur beruflichen Stellung und zur finanziellen Situation fokussiert werden.

Die Unterteilung von Mikro-, Meso- und Makroregulatoren ermöglicht eine genaue Betrachtung dieser drei Einsamkeitsregulationsebenen, ohne das gesamte Konstrukt der Einsamkeitsregulation aus den Augen zu verlieren.

Tabelle 1: Verschiedene Fokusse der Einsamkeitsforschung

Ebene	Analysefokus
Mikroebene	• Psychische und physische Verfassung • Persönlichkeits- sowie Charaktereigenschaften • Intim-erotische Bindung und familiäre Einbindung
Mesoebene	• Freundschaftliche, nachbarschaftliche und institutionelle Einbindung • Soziokulturelle Wertvorstellungen zur Angemessenheit, der Anzahl und Beschaffenheit sozialer Kontakte
Makroebene	• Teilhabechancen, die die Zugehörigkeit zu einer größeren Gemeinschaft oder zur Gesellschaft beeinflussen

Indem analysiert wird, welche Mikro-, Meso- und/oder Makroregulatoren allein oder in Wechselwirkung mit dem Erleben unfreiwilliger Einsamkeit korrespondieren, lassen sich individuelle Möglichkeiten und Grenzen, dieses Erleben zu regulieren, erkennen.

Wenn unfreiwillige Einsamkeit nur gesellschaftsbezogen untersucht wird, geraten personenbezogene Aspekte aus dem Blick. So zeigen Studien, dass selbstsichere Menschen geringer unter unfreiwilliger Einsamkeit leiden als weniger selbstsichere Menschen (vgl. Schürholz, Noack 2021, S. 163) und dass emotional stabile Menschen weniger zu unfreiwilliger Einsamkeit neigen als emotional labile Menschen (vgl. Bücker, Lembcke, Hinz 2019, S. 25).

Wird nur die individuelle Verantwortung für den Mangel an Kontakthäufigkeit und -qualität fokussiert, können Meso- und Makroregulatoren, die individuell nicht beeinflussbar sind, aber zu ungewolltem und leiderfülltem subjektiven Einsamkeitserleben führen, aus dem Blick geraten.

Dazu drei Beispiele: Ein junger Mann, der mit seinen Bekannten an einem geselligen Kneipenabend teilnimmt, kann sich dennoch einsam fühlen. Möglicherweise spielt er nur die Rolle des geselligen Trinkkumpans, ohne emotional in dieser Rolle aufzugehen, weil er die sozialen Kontakte nicht als erfüllend und sinnvoll erlebt. Vielleicht empfindet er den Gesprächsstoff als belanglos, die Witze humorlos und das Gelächter niveaulos. Da er aber keine Kontaktalternativen hat, weil es sein Schichtdienst zeitlich kaum zulässt, neue Kontakte zu knüpfen, nimmt er dennoch an dem Kneipenabend teil, um sich allein zu Hause nicht noch einsamer zu fühlen. Dem jungen Mann fehlen zeitliche Ressourcen, den Zustand unfreiwilliger Einsamkeit zu beenden, indem er neue soziale Kontakte aufbaut, die für ihn sinnvoll sind.

Der junge Mann wollte eigentlich Psychologie studieren. Weil er sich jedoch kein Studium finanzieren konnte, absolvierte er eine Ausbildung zum Krankenpfleger. In diesem Beispiel korrespondiert der Mesoregulator „Schichtdienst" mit dem Erleben unfreiwilliger Einsamkeit. Denkbar wäre jedoch auch eine junge Dame, die zwar über genügend zeitliche Ressourcen verfügt, um subjektiv sinnvolle Kontakte zu knüpfen, aber aufgrund einer ausgeprägten sozialen Phobie kaum vor die Tür geht, obwohl sie sich nach Kontakten sehnt. Hier steht der Mikroregulator „psychische Verfassung" mit dem Einsamkeitserleben in Verbindung.

Stellen wir uns einen anderen jungen Mann vor. Er ist aus seinem Herkunftsland geflüchtet, weil dort ein Bürgerkrieg tobt. Er verfügt über eine Duldung und arbeitet aufgrund unzureichender Sprachkenntnisse als Hilfskraft in der Küche eines Hotels, wo er sich mehr schlecht als recht mit Händen und Füßen mit seinen Kolleg*innen verständigt. In seinem Herkunftsland hat er eine Ausbildung zum Koch absolviert. Allerdings sind alle Sprachkurse an seinem Wohnort für Monate ausgebucht. Der junge Mann lebt allein. Er fühlt sich einsam, weil er aufgrund der Sprachbarrieren keinen Kontakt zu Nachbar*innen oder Kolleg*innen knüpfen kann. Hier ist der Makroregulator „gesellschaftliche Teilhabe durch Sprache" mit unfreiwilliger Einsamkeit verwoben.

Durch eine kritische Auseinandersetzung mit der häufig erwähnten Einsamkeitspolitik, die von der ehemaligen Premierministerin Theresa May in Großbritannien initiiert wurde, lässt sich abschließend veranschaulichen, wie relevant ein ganzheitlicher Fokus auf Einsamkeit ist. Die britische Regierung hat im Jahr 2018 Einsamkeit als interministerielles Querschnittsthema bestimmt. Eine Staatssekretärin wurde damit beauftragt, die Tätigkeiten verschiedener Ministerien einsamkeitsbezogen zu koordinieren. Im Rahmen einer Selbstverpflichtung sollen die Ministerien Maßnahmen zur Einsamkeitsbekämpfung unterstützen (vgl. Stallberg 2021, S. 44).

Die politische Agenda wird kritisch diskutiert, weil die massiven Kürzungen von Sozialleistungen durch das Austeritätsprogramm der konservativen Partei während Theresa Mays Amtszeit dazu geführt haben, dass gemeinschaftsstiftende Einrichtungen, wie Stadtbibliotheken oder Clubräume, schließen mussten. Schon 2012 haben Aylott et al. Forschungsergebnisse vorgestellt, aus denen hervorgeht, dass geschlossene gemeinschaftsstiftende Einrichtungen, wie Stadtbibliotheken oder Clubräume, zu unfreiwilliger Einsamkeit führen. Die Autor*innen befragten Menschen aus dem Londoner Stadtteil Camden zu den Auswirkungen zurückgefahrener Sozialleistungen für ihren Alltag. Insbesondere Menschen mit einem niedrigen Einkommen berichteten davon, sich zunehmend unfreiwillig einsam zu fühlen, unter anderem weil Einrichtungen, die niederschwellige Begegnungs- und Freizeitmöglichkeiten anboten, geschlossen wurden (vgl. Aylott et al. 2012, S. 9, 33).

Die einsamkeitsbezogene politische Agenda, die durch die Regierung May in Großbritannien angestoßen wurde, birgt die Gefahr, von (sozial-)politischen Schwierigkeiten abzulenken, weil einsamkeitsbezogene Folgen zurückgefahrener Sozialleistungen kaum thematisiert werden: „Das Symptom ‚Einsamkeit' wird zum Problem gemacht, das eigentliche Problem damit kaschiert" (Schellhammer 2018, S. 2).

Eine solche Einsamkeitspolitik lässt sich als einsamkeitsresponsibilisierend bezeichnen. Indem allein das Symptom „unfreiwilliges Einsamkeitserleben" auf individueller Ebene behandelt wird, werden die gesellschaftlichen Ursachen dieses Erlebens verschleiert. Hinzu kommt, dass der britischen Einsamkeitspolitik ein klarer Fokus auf die unterschiedlichen Ausprägungen unfreiwilliger Einsamkeit fehlt (vgl. Schellhammer 2018, S. 2).

Unklar ist, ob sich die Einsamkeitspolitik auf die unfreiwillige Einsamkeit von Menschen bezieht, die durch den Arbeitsmarkt örtlich und zeitlich derart flexibilisiert wurden, dass es ihnen schwer fällt, subjektiv sinnvolle Beziehungen zu knüpfen bzw. zu pflegen.

Oder geht es um Menschen, die den neoliberalen Gedanken des freien Wettbewerbs und individueller Verantwortlichkeit intensiv erleben und deshalb häufiger unfreiwillig einsam sind und öfter von einer schlechteren psychischen Verfassung berichten als Personen, die ihre Gesellschaft als sozial gerecht wahrnehmen (vgl. Becker, Hartwich, Haslam 2021; Kap. 3.4)? Soll die Politik auf Menschen ausgerichtet sein, die ihr unfreiwilliges Einsamkeitserleben mit einer Hinwendung zu extremistischen Gruppen kompensieren, in denen sie aufgrund ihrer Zustimmung zu populistischen oder extremistischen Positionen Anerkennung und Zugehörigkeit erfahren? Wenn unfreiwillige Einsamkeit mit Gefühlen, wie Trostlosigkeit, Neid und Frustration einhergeht, wird der Wunsch nach neuem Zusammenhalt in Gruppen, die beispielsweise einen „neuen gesellschaftlichen Zusammenhalt" durch Abschottungsversprechen suggerieren, verständlich. Dieser Wunsch wird von populistischen Bewegungen und Parteien geschickt (aus-)genutzt (vgl. Nitzschke 2019).

Oder geht es um Menschen, die derart von ihrer sozialen Umwelt entfremdet sind, dass sie aufgrund mangelnder Kontakte oder der Konzentration auf Personen in einer ähnlichen benachteiligten Lebenslage, von gesellschaftlichen Teilhabe- und Mitbestimmungschancen abgeschnitten sind? Personen, die das Gefühl haben, übersehen zu werden und ungehört zu bleiben, können sich als machtlose Opfer der mit ihrem Einsamkeitserleben korrespondierenden Verhältnisse wahrnehmen (vgl. Stallberg 2021, S. 14). Dadurch können sie den Glauben daran verlieren, durch demokratische Mitbestimmung etwas an diesen Verhältnissen ändern zu können oder sie werden von Informationen über entsprechende Mitbestimmungsmöglichkeiten nicht erreicht.

Werden Vereinsamungsprozesse in der Sozialen Arbeit ebenenübergreifend analysiert, können verhaltens- und verhältnisbezogene Rückschlüsse für die Praxis der Sozialen Arbeit gezogen werden, um unterschiedlichen Ausprägungen unfreiwilligen Einsamkeitserlebens und den gesellschaftlichen Ursachen dieses Erlebens zu begegnen. Einsamkeitsregulation in der sozialarbeiterischen Praxis erschöpft sich nicht in verhaltensbezogenen Tätigkeiten, wie Beratung, Begleitung und Betreuung. Bei diesem Handlungsmodell geht es auch darum, Lebensverhältnisse zu gestalten, damit Menschen in Krisenzeiten und prekären Lebenslagen nicht zusätzlich unter unfreiwilliger Einsamkeit leiden.

3. Was ist über Einsamkeit bekannt?

Die Anzahl einsamkeitsbezogener Publikationen hat sich in den letzten Jahren beachtlich erhöht. Stallberg (vgl. 2021, S. 16) zeigt dies am Beispiel der wissenschaftlichen Datenbank Scopus: Für das Jahr 2000 werden in Scopus 160 Publikationen angezeigt, wenn der Suchbegriff Einsamkeit eingegeben wird. Im Jahr 2019 hat sich die Trefferanzahl auf 1358 erhöht. Die Einträge in Scopus umfassen die Bereiche Naturwissenschaften, Technik, Medizin, Sozialwissenschaften und Kunst- und Geisteswissenschaften (vgl. Scopus 2019).

Der Einsamkeitsdiskurs wird von sozialmedizinisch-psychologischen Fragestellungen dominiert (vgl. Stallberg 2021, S. 16 f.). Die Datenbank „wiso“ ermöglicht es, die Suche nach Literaturnachweisen auf Psychologie, Wirtschaftswissenschaften, Recht, Technik oder auf die Sozialwissenschaften zu beschränken. Wird die Suche auf den Bereich Sozialwissenschaften beschränkt, finden sich für das Jahr 2000 18 Treffer, wenn Einsamkeit als Suchbegriff eingegeben wird, im Jahr 2021 sind es 710 Treffer (wiso 2021).

Angesichts dieses Umfanges werden hier nur ausgewählte Forschungsergebnisse aus verschiedenen Disziplinen thematisiert, durch die sich herausarbeiten lässt, inwiefern unfreiwillige Einsamkeit mit Mikro-, Meso- und Makroregulatoren korrespondiert. Vorher geht es um die Frage, wie Einsamkeitserleben empirisch ermitteln werden kann.

Obwohl von Autor*innen einsamkeitsbezogener empirischer Studien Einsamkeit in der Regel als subjektives Gefühlserleben beschrieben wird, ist es bemerkenswert, dass die meisten dieser Studien quantitativ konzipiert wurden. Für die einsamkeitsbezogene Untersuchung großer Stichproben sind quantitative Studien geeignet. Mixed-Methods-Forschungsdesigns mit qualitativen Elementen, durch die sich subjektives Einsamkeitserleben interpretativ rekonstruieren und kommunikativ validieren lässt, werden erstaunlich selten angewendet, um quantitative Daten zu flankieren oder zu ergänzen.

Wenn Einsamkeit in der öffentlichen Debatte thematisiert wird, werden nicht selten quantitative Indikatoren, wie die Häufigkeit von Beerdigungen ohne Anwesende oder die Anzahl von Singlehaushalten, herangezogen (vgl. Eyerund, Orth 2019, S. 5). Diese Indikatoren bilden jedoch vorrangig soziale Isolationstendenzen ab. Angesichts der Tatsache, dass die Zahl der Singlehaushalte bis zum Jahr 2040 voraussichtlich um 3,8 Prozent auf 33 Millionen weiter steigen wird, ist es sicherlich nicht verkehrt, auf soziale Angebote und starke

Netzwerke in der Nachbarschaft zu verweisen „um den alleinlebenden Menschen ein Angebot gegen die Vereinsamung zu unterbreiten“ (BBSR 2021).

Alleinleben ist jedoch nicht zwangsläufig mit unfreiwilligem Einsamkeitserleben verbunden. Eine Studentin, die in einem Einzelappartement eines Studentenwohnheims lebt, kann an der Hochschule, im Rahmen ihres Nebenjobs und in dem Gemeinschaftsraum des Wohnheims subjektiv sinnvolle Kontakte knüpfen und pflegen. In einem Zweipersonenhaushalt kann sich ein Ehepaar derart voneinander entfremdet haben, dass sich beide Personen unfreiwillig einsam fühlen. Daher lässt sich die Anzahl der Personen, die unter unfreiwilliger Einsamkeit leiden, nicht solide ermitteln, wenn „die zumeist getrennten Phänomene Einsamkeit und soziale Isolation zusammen betrachtet und auch in ihren Werten addiert“ (Stallberg 2021, S. 31) werden. Um das Einsamkeitserleben im Rahmen quantitativer Studien zu ermitteln, sind Befragungsinstrumente erforderlich, mit denen sich subjektive Befragungsdaten aufstellen lassen (vgl. Eyerund, Orth 2019, S. 5).

In der Einsamkeitsforschung lassen sich zwei Vorgehensweisen zur Erfassung des subjektiven Einsamkeitserlebens unterscheiden. Bei der direkten Vorgehensweise wird das Einsamkeitserleben unmittelbar erfragt. Bei der indirekten Vorgehensweise wird das Wort Einsamkeit bewusst vermieden.

Bei quantitativ konzipierten Studien haben sich zwei Skalen für die indirekte Vorgehensweise durchgesetzt (vgl. Bücker et al. 2019a, S. 7 f.): Die UCLA Loneliness Scale (Russell, Peplau, Cutrona 1980) und die De Jong Gierveld Loneliness Scale (de Jong Gierveld, Kamphuis 1985). Für beide Skalen gibt es Lang- und Kurzfassungen mit einer unterschiedlichen Anzahl von Items, wobei in der Regel mehrere Items zur Anwendung kommen (vgl. Bücker et al. 2019a, S. 8). Ein Beispiel für eine direkte Vorgehensweise ist dieses Item, das im Rahmen der Allgemeinen Bevölkerungsumfrage der Sozialwissenschaften (Allbus) von 2018 eingesetzt wurde:

> „Wie häufig hatten Sie in den vergangenen 4 Wochen das Gefühl, dass Sie einsam sind? 1 Nie, 2 Selten, 3 Manchmal, 4 Oft, 5 Sehr oft.“ (Leibniz Institut für Sozialwissenschaften 2019, S. 596)

Sowohl bei indirekten als auch bei direkten Items kann die Anzahl der Antwortoptionen variieren. Weder für indirekt noch für direkt aufgestellte Daten über Einsamkeit gibt es einen klaren Grenzwert, bzw. einen sogenannten Cut-Off-Wert, durch den festgelegt wird, ab wann eine Person als unfreiwillig einsam gelten kann (vgl. Bücker et al. 2019a, S. 9).

Die Grenzwerte variieren studienbezogen (vgl. ebd., S. 8 ff.), weshalb sich Studienergebnisse zum Anteil unfreiwillig vereinsamter Menschen an einer Population, wie etwa der Bevölkerung eines Nationalstaates, schwer vergleichen lassen.

Unfreiwilliges Einsamkeitserleben kann schambehaftet sein und tabuisiert werden (vgl. Kap. 1; Kap. 2; Elbing 1991, S. 17). Aus einer Studie von Hauge und Kirkevold (2010) geht hervor, dass Befragte, die nicht unfreiwillig einsam gewesen sind, eine kritische und negative Haltung gegenüber unfreiwillig einsamen Menschen hatten. Personen, die befürchten, aufgrund ihrer unfreiwilligen Einsamkeit stigmatisiert zu werden oder ihr Einsamkeitserleben verdrängen und danach gefragt werden, wie häufig sie sich in den letzten vier Wochen einsam gefühlt haben, können sozial erwünschte Antworten auswählen, die nicht ihrem tatsächlichen Einsamkeitserleben entsprechen. Daher kam bei der Studie KoKon ein indirektes Item mit vier Antwortoptionen zum Einsatz (vgl. Kap. 4.2).

Um die nicht repräsentativen Befragungsergebnisse der Studie KoKon zum Einsamkeitserleben der Befragten nach Geschlecht, Alter und Wohnort vor den, während der und nach der Lockerung der KB (vgl. Kap. 5.1–5.4) mit repräsentativen Befragungsergebnissen in Bezug zu setzen, die ebenfalls mit einem indirekten Item aufgestellt wurden, werden in den folgenden Abschnitten Daten aus der Allgemeinen Bevölkerungsumfrage aus dem Jahr 2018 ausgewertet. Für die Allgemeine Bevölkerungsumfrage 2018 wurden „repräsentative Stichproben der Bevölkerung gezogen“ (Leibniz Institut für Sozialwissenschaften 2020).

Das Einsamkeitserleben der Befragten wurde indirekt durch folgende Frage ermittelt: „*Wie häufig hatten Sie in den vergangenen 4 Wochen das Gefühl, dass Sie ausgeschlossen werden?* – 1 Nie; 2 Selten; 3 Manchmal; 4 Oft; 5 Sehr oft.“ (Leibniz Institut für Sozialwissenschaften 2019, S. 597).

3.1 Einsamkeitserleben 2018

0,4 % der Befragten fühlten sich in den letzten vier Wochen sehr oft, 1,5 % oft, 5,5 % manchmal, 16,5 % selten und mehr als dreiviertel (76,1 %) nie ausgeschlossen.

Abbildung 3: Einsamkeit 2018

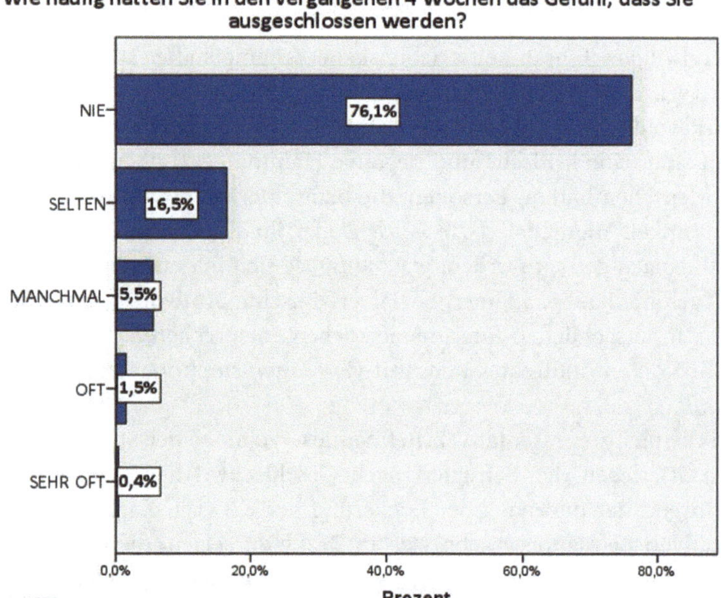

Einsamkeitserleben 2018 nach Geschlecht

51,9 % der 1673 Personen, die auf diese Frage geantwortet haben, sind männlich und 48,1 % sind weiblich. Mit 78,7 % haben mehr Männer als Frauen angegeben, sich in den letzten vier Wochen nie ausgeschlossen gefühlt zu haben. Mit 0,6 % haben etwas mehr Frauen angegeben, sich in den letzten vier Wochen oft ausgeschlossen gefühlt zu haben als Männer mit 0,2 %.

Abbildung 4: Einsamkeit nach Geschlecht 2018

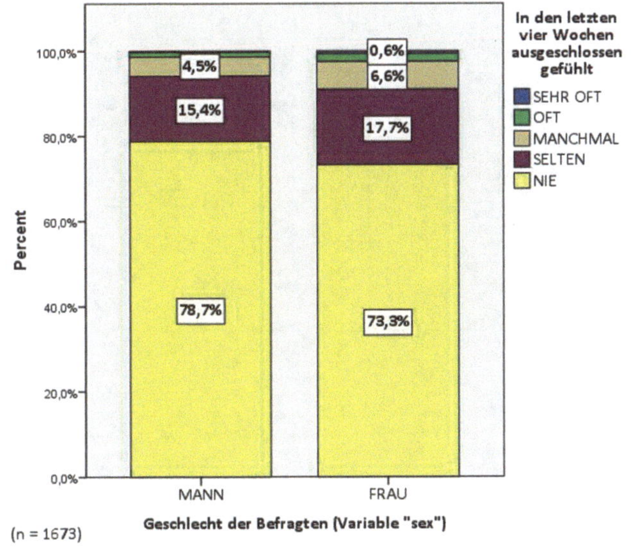

(n = 1673)

Einsamkeitserleben 2018 nach Wohnort

Interessanterweise haben sich mit fast 90 % am häufigsten Befragte in den letzten vier Wochen nie ausgeschlossen gefühlt, die in einem Einzelhaus auf dem Land lebten. Personen, die angegeben haben, in einer Großstadt oder in einer Mittel- bzw. Kleinstadt zu leben, fühlten sich mit jeweils 6,1 % am häufigsten in den letzten vier Wochen manchmal ausgeschlossen.

Abbildung 5: Einsamkeit nach Wohnort

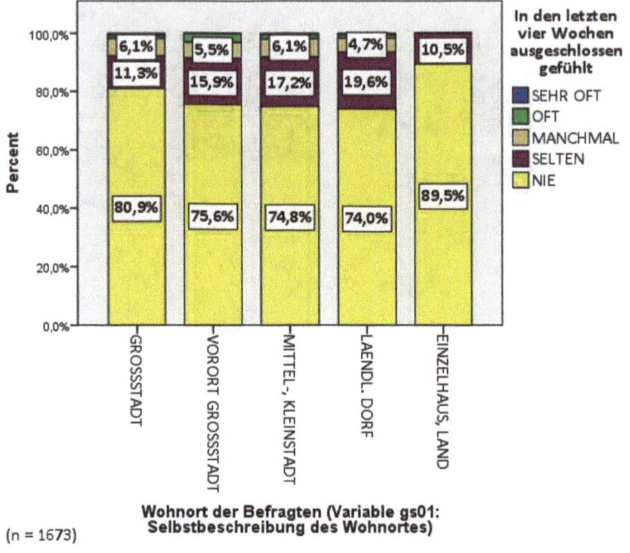

(n = 1673)

Einsamkeitserleben 2018 nach Alter

In vielen Studien, in denen das Einsamkeitserleben altersbezogen untersucht wurde, fand sich das sogenannte „Alters-U". Einsamkeitsgefühle wurden verstärkt bei Jugendlichen und jungen Erwachsenen sowie bei Menschen im hohen Alter beobachtet (vgl. Victor, Yang 2012, S. 96; Pinquart, Sörensen 2001, S. 258). In den ALLBUS-Daten für das Jahr 2018 zeigt sich ein „Alters-W" (vgl. Abbildung 6).

Abbildung 6: Einsamkeit nach Alter

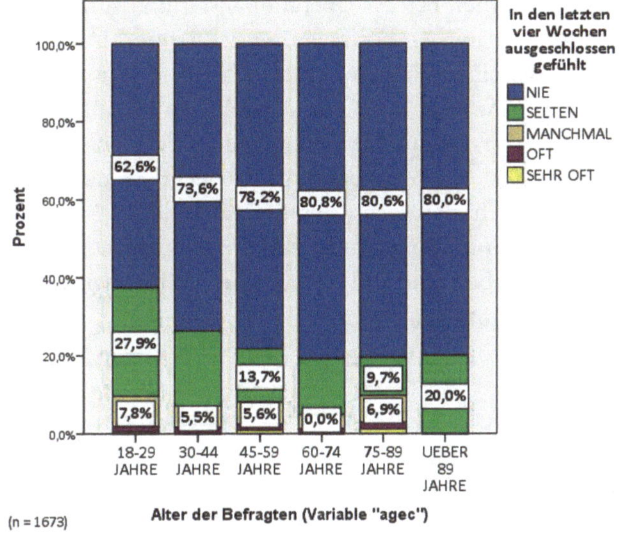

Mit 1,7 % fühlten sich Befragte, die zwischen 75 und 89 Jahre alt gewesen sind, am häufigsten in den letzten vier Wochen oft ausgeschlossen. Am zweithäufigsten haben mit jeweils 1,6 % Personen, die zwischen 30 und 44 Jahre sowie zwischen 45 und 59 Jahre alt gewesen sind, angegeben, sich in den letzten vier Wochen oft ausgeschlossen gefühlt zu haben.

3.2 Merkmale des Einsamkeitserlebens auf der Mikro-, Meso- und Makoebene

In den nächsten Abschnitten werden Studienergebnisse thematisiert, aus denen hervorgeht, welche Merkmale auf der Mikro-, Meso- und Makroebene mit subjektivem Einsamkeitserleben korrespondieren können. Dabei werden die Forschungsfragen vorgestellt, die für die Studie KoKon aus den Studienergebnissen abgeleitet wurden. Die Forschungsfragen beziehen sich entweder auf den Vergleich des Einsamkeitserlebens der Befragten

- vor den und während der KB,
- vor den, während der und nach der Lockerung der KB oder
- während und nach der Lockerung der KB.

Unfreiwilliges Einsamkeitserleben wurde zwar nicht über mehrere Messzeitpunkte hinweg beobachtet, bei der Operationalisierung wurden aber die zeitlichen Perspektiven der Forschungsfragen berücksichtigt, indem die Befragten gebeten wurden, dieselben Fragen für verschiedene Zeitpunkte zwei- oder dreimal zu beantworten. Um den Onlinefragebogen inhaltlich nicht zu überfrachten, wurden auch Forschungsfragen formuliert, die sich nur auf zwei Zeitperspektiven beziehen. Die Zeitperspektiven der Forschungsfragen werden basierend auf den Forschungsergebnissen begründet.

Die Sichtung des Forschungsstands endet mit Studienergebnissen aus der Praxis der Sozialen Arbeit und mit empirischen Hinweisen zur Wirksamkeit einsamkeitsbezogener Interventionen.

3.2.1 Mikroebene

Unfreiwilliges Einsamkeitserleben variiert zwar altersbezogen. Es überwiegen jedoch Studienergebnisse, bei denen sich kein direkter „Zusammenhang zwischen Alter und Einsamkeit" zeigte (Bücker, Lembcke, Hinz 2019, S. 19).

Das in Kapitel 3.1 skizzierte „Alters-U" wird unter anderem darauf zurückgeführt, dass es für junge Menschen aufgrund altersspezifischer Entwicklungsaufgaben, wie etwa dem Wohnortwechsel wegen eines Studiums oder einer Ausbildung, schwieriger wird, bestehende subjektiv sinnvolle Kontakte zu pflegen bzw. neue zu knüpfen (vgl. Wilke 2021, S. 3). Stallberg (2021, S. 30) weist auf eine weitere Erklärung hin. Junge Menschen würden ihre Einsamkeitsgefühle weniger regulieren, weil „Einsamkeit für sie häufig eine neue bedrückende Erfahrung" darstelle und diese Lebensphase von einer „Orientierungssuche und dem starken Identitätswandel" geprägt sei. Das Einsamkeitserleben von Menschen im hohen Alter wird unter anderem mit gesundheitlichen Beeinträchtigungen, die zu eingeschränkter Mobilität führen und verringerten Kontaktgelegenheiten aufgrund des beruflichen Ruhestands erklärt (vgl. Jylhä 2004, S. 160; Luhmann 2019, S. 4 f.).

Eine Erklärung für das „Alters-W", das sich in den ALLBUS Daten für 2018 beobachten lässt (vgl. Kap. 3.1), ist die intensive berufliche und private Einbindung von Personen zwischen dem 30. und dem 59. Lebensjahr. Die Arbeitszeit und/oder familiäre Sorgetätigkeiten überschreiten die freien Zeitkontingente, die dafür zur Verfügung stehen, subjektiv sinnvolle Kontakte zu knüpfen und zu pflegen (vgl. Lippke et al. 2021, S. 8).

Die Erklärungen für altersbezogen variierendes Einsamkeitserleben deuten überwiegend darauf hin, dass nicht das Lebensalter, sondern altersspezifische Lebensbedingungen, die die Lebensqualität negativ beeinflussen, mit unfreiwilliger Einsamkeit korrespondieren. So diskutieren auch Brunes, Hansen und

Heir (2019) Einsamkeit als einen starken Prädiktor für verminderte Lebensqualität und Lebenszufriedenheit:

> „Die starke Assoziation zwischen Einsamkeit und verminderter Lebenszufriedenheit ist ebenso in der Allgemeinbevölkerung dokumentiert, was einmal mehr unterstreicht, wie wichtig das Sozialleben und das Gefühl des Eingebundenseins für die Lebensqualität sind. Die Kausalität kann aber auch umgekehrt sein, insofern dass Menschen, die mit ihrem Leben weniger zufrieden sind, möglicherweise stärker zum sozialen Rückzug neigen." (ebd., S. 114)

Der Begriff Lebensqualität ist ein mehrdimensionaler Wohlfahrtsbegriff, der objektive Lebensbedingungen und subjektives Wohlbefinden einbezieht. Ein Indikator für subjektives Wohlbefinden ist die Lebenszufriedenheit (vgl. Glatzer 2002, S. 248). Menschen, die unter unfreiwilliger Einsamkeit leiden, berichten im Vergleich zu Menschen, die sich nicht oder selten unfreiwillig einsam fühlen, häufiger von einer geringen Lebenszufriedenheit wie Krasko und Kirchdörfer (2019, S. 37) in Rahmen einer Metaanalyse zur Einsamkeit und sozialen Isolation im hohen Alter aufzeigen. Dies geht auch aus den Ergebnissen der repräsentativen Bevölkerungsumfrage (n = 1.538) „Rente und Alter" der Forschungsgruppe Wahlen (FGW) (2020, S. 40) hervor:

> „Von Einsamkeit sind junge Menschen offensichtlich häufiger betroffen als die ältere Generation. 32% der unter 30-Jährigen, aber nur 14% der ab 60-jährigen Rentner fühlen sich ab und zu oder häufig einsam. Der Wohnort oder der Grad der sozialen Vernetzung zeigen hierbei [bei dem Erleben von Einsamkeit, M. N.] weniger starke Effekte als ökonomische Faktoren oder die allgemeine Lebenszufriedenheit" (ebd., S. 2).

Wenn die Lebenszufriedenheit von Menschen einsamkeitsbezogen analysiert wird, lassen sich Rückschlüsse auf ihre Lebensbedingungen ziehen. Aus den Lebensbedingungen der Menschen lassen sich Hinweise ableiten, mit welchen

- Mikroregulatoren (Emotionen, Einstellungen, Gedanken, Wünschen, Hoffnungen und Erwartungen),
- Mesoregulatoren (freundschaftliche, nachbarschaftliche und institutionelle Einbindung sowie soziokulturelle Wertvorstellungen zur Angemessenheit, Anzahl und Beschaffenheit sozialer Kontakte) und/oder
- Makroregulatoren (persönliche Bildungskarrieren, ökonomische Verhältnisse sowie Migrationserfahrungen)

ihr Einsamkeitserleben korrespondiert.

Daher wurde eine lebenszufriedenheitsbezogene Forschungsfrage formuliert, bei der die Altersabhängigkeit unfreiwilliger Einsamkeit Berücksichtigung fand. Obwohl sich über die einsamkeitsbezogene Analyse der Lebenszufriedenheit Rückschlüsse auf alle drei Regulationsebenen ziehen lassen, wurde die Frage der Mikroebene zugeordnet, weil die Lebenszufriedenheit mit dem subjektiven Gefühlserleben korrespondiert (vgl. Heidl, Landenberger, Jahn 2012, S. 15).

Um aus der Analyse der Lebenszufriedenheit Rückschlüsse auf die Lebensbedingungen der Befragten zu ziehen, die mit ihrem Einsamkeitserleben vor den, während der und nach der Lockerung der KB korrespondieren, wurde diese Forschungsfrage auf alle drei Zeitperspektiven bezogen:

Forschungsfrage (F) 1: Litten Menschen, die mit ihrem Leben unzufrieden waren, vor den, während der und nach der Lockerung der KB stärker unter unfreiwilliger Einsamkeit als Menschen, die mit ihrem Leben zufrieden gewesen sind und welche Rolle spielte das Alter in diesem Zusammenhang?

Die Lebenszufriedenheit einer Person ist möglicherweise mit ihrem Optimismus assoziiert. Optimismus im hohen Alter zeigte sich in einer Studie (n = 56) von Barron et al. (1992) als protektiver Faktor gegen Einsamkeit bei Frauen.

> „Examined predictors of loneliness in older women with low vision. 56 women (aged 75–94 yrs) were interviewed and completed a battery of measures. Loneliness was not a significant problem for the sample as a whole. Women who were less optimistic and less satisfied with their social support system experienced higher levels of loneliness" (ebd., S. 387).

Die mit den KB einhergehenden Einschränkungen des Alltags werfen auch die Frage auf, wie sich die *Lockerung der KB* auf optimistische Lebenseinstellungen der Menschen ausgewirkt hat und ob Optimismus *nach der Lockerung der KB* vor unfreiwilliger Einsamkeit geschützt hat:

F 2: Haben Menschen, die optimistisch gewesen sind, nach der Lockerung der KB weniger unter unfreiwilliger Einsamkeit gelitten als pessimistische Menschen und welche Rolle spielte die Lebenszufriedenheit in diesem Zusammenhang?

Introvertierte Menschen leiden häufiger unter unfreiwilliger Einsamkeit als extrovertierte Menschen (vgl. Bücker et al. 2019b). Dabei lassen sich geschlechtsspezifische Unterschiede feststellen:

> „Pinquart und Sörensen (2001) argumentieren in ihrer Meta-Analyse, dass Männer im Vergleich zu Frauen tendenziell weniger aufgeschlossen sind und kleinere soziale Netzwerke haben" (Bücker, Lembcke, Hinz 2019, S. 18).

Dies steht im Kontrast zu einem häufigen Ergebnis in der Einsamkeitsforschung, wonach unfreiwillige Einsamkeit eher Frauen betrifft (vgl. Splendid Research 2019, S. 9). In diesem Zusammenhang könne eine methodische Herausforderung darin bestehen, „dass Frauen stärker dazu neigen ihre negativen Gefühle zu berichten als Männer dies tun“ (Bücker, Lembcke, Hinz 2019, S. 18). Um zu untersuchen, ob Extroversion *vor den, während der und nach der Lockerung der KB* eher Frauen oder Männer vor unfreiwilliger Einsamkeit schützte, wurde folgende Forschungsfrage untersucht:

F 3: Haben Menschen, die extrovertiert gewesen sind, vor den, während der und nach der Lockerung der KB weniger unter unfreiwilliger Einsamkeit gelitten als Menschen, die introvertiert gewesen sind und welche Rolle spielte das Geschlecht in diesem Zusammenhang?

Unterschiedliche Studien legen nahe, dass emotional belastbare Menschen seltener unter unfreiwilliger Einsamkeit leiden als emotional weniger belastbare Personen:

> „Eine Studie mit hundertjährigen Menschen [n = 137, M. N.] fand, dass vor allem Menschen mit hohen Neurotizismus-Werten zu Einsamkeit neigen“ (Bücker, Lembcke, Hinz 2019, S. 25).

Indem analysiert wird, wodurch die emotionale Belastbarkeit von Menschen begünstigt bzw. gefährdet wird, lässt sich auch ermitteln, wie sich die Einsamkeitsregulation (vgl. Kap. 2) bei emotional belastbaren und weniger belastbaren Menschen unterscheidet. Um dabei untersuchen zu können, ob sich die KB auf den Zusammenhang von Einsamkeitsregulation und emotionaler Belastbarkeit auswirkten, fand folgende Forschungsfrage Eingang in die Studie KoKon:

F 4: Haben Menschen, die emotional belastbar gewesen sind, vor den, während der und nach der Lockerung der KB weniger unter unfreiwilliger Einsamkeit gelitten als Menschen, die emotional weniger stabil waren und welche Rolle spielte das Alter in diesem Zusammenhang?

Emotionale Stabilität kann intim-erotische Beziehungen positiv beeinflussen. Zur Frage, ob Personen, die in einer intim-erotischen Partnerschaft, wie etwa in einer Ehe leben, seltener unfreiwillig einsam sind, liegen widersprüchliche Forschungsergebnisse vor. Im Rahmen einer Tagebuchstudie (Bücker et al. 2020) bewerteten 4.850 deutsche Erwachsene ihr tägliches Einsamkeitserleben *während des ersten Lockdowns* vom 16. März 2020 bis zum 12. April 2020. Die tägliche Einsamkeit nahm in den ersten zwei Wochen der Covid-19-Sperre zu und danach ab (vgl. ebd., S. 2). In Übereinstimmung mit früheren Befunden stellten die Autor*innen fest, dass Menschen in einer romantischen Partnerschaft (z. B.

Ehe) im Vergleich zu Personen, die alleinstehend waren, über geringere tägliche Einsamkeit berichteten.

> „In line with previous findings, we observed that people in a romantic partnership (e. g., marriage) compared to people who were either single (b Sample 1 = 0.30, p < .001; b Sample 2 = 0.35, p < .001) or widowed (b Sample 1 = 0.42, p = .005; b Sample 2 = 0.38, p = .008) reported lower levels of daily loneliness" (ebd., S. 3).

Auch aus der Umfrage des Statistischen Bundesamtes (2019) zur Häufigkeit von Einsamkeit unter Deutschen nach Beziehungsstatus (n = 1.186) geht hervor, dass Alleinstehende und Alleinlebende häufiger von unfreiwilliger Einsamkeit berichteten als Menschen in einer Partnerschaft. Allerdings gibt es auch Befunde, wonach „sowohl geschiedene als auch ledige Personen sich nicht grundsätzlich in ihrer Einsamkeit von in einer festen Partnerschaft lebenden Personen zu unterscheiden" (Bücker, Lembcke, Hinz 2019, S. 30) scheinen. Dass jedoch nicht nur soziale Kontakte an sich, sondern auch deren subjektiv erlebte Qualität dafür ausschlaggebend sein kann, ob sich Menschen unfreiwillig einsam fühlen (vgl. Kap. 1 und Kap. 2), zeigen Forschungsergebnisse aus denen hervorgeht, dass

> „selbst bei verheirateten Frauen ein höheres Risiko für Einsamkeit [besteht, M. N.], wenn sie einen Ehepartner betreuen oder anderweitig daran gehindert werden, Kontakte zu Familie und Freunden aufrechtzuerhalten" (ebd., S. 18).

Um zu ermitteln, ob und wenn ja, inwiefern „romantische Partnerschaften" (Ehegemeinschaft oder Lebenspartnerschaft) *vor den, während der und nach der Lockerung der KB* Einsamkeitserleben regulierten und welche Rolle das Geschlecht dabei spielte, wurde folgende Forschungsfrage bearbeitet:

F 5: Inwiefern litten alleinlebende und in einer romantischen Partnerschaft lebende Personen vor den, während der und nach der Lockerung der KB unter unfreiwilliger Einsamkeit und welche Rolle spielte das Geschlecht in diesem Zusammenhang?

Aus romantischen Partnerschaften können Kinder hervorgehen. In der angesprochenen Tagebuchstudie zum täglichen Einsamkeitserleben *während des ersten Lockdowns* in Deutschland waren die Ergebnisse zum Einfluss der Elternschaft auf das Erleben unfreiwilliger Einsamkeit widersprüchlich:

> „Moreover, compared to people without children, parents reported higher levels of daily loneliness in Sample 1, but not in Sample 2 (b Sample 1 = 0.15, p = .004; b Sample 2 = 0.08, p = .118). We consequently did not treat these effects as robust" (Bücker et al. 2020, S. 3).

Im Rahmen einer qualitativen Befragung von Adressat*innen der Jugendhilfe in Graz (Hojnik, Kölbl, Noack 2022 [n = 21]) wurde ermittelt, dass sich alleinerziehende Mütter *während des ersten Lockdowns* aufgrund unfreiwilliger Einsamkeit hilfesuchend an das Jugendamt gewendet haben (siehe dazu ausführlich Kap. 3.3.1). Zur Frage, wie die Erziehungssituation Einsamkeitserleben *vor den, während der und nach der Lockerung der KB* regulierte, lagen zum Zeitpunkt der Studiendurchführung keine empirischen Ergebnisse vor. Daher wurde diese Forschungsfrage untersucht:

F 6: Inwiefern litten alleinerziehende Personen vor den, während der und nach der Lockerung der KB unter unfreiwilliger Einsamkeit und welche Rolle spielte das Geschlecht in diesem Zusammenhang?

Wie einleitend erwähnt, hängen Gesundheit und gesundheitsbezogenes Verhalten mit unfreiwilliger Einsamkeit zusammen. Viele Studienergebnisse weisen darauf hin, dass Personen mit einem schlechten physischen Gesundheitszustand häufiger unfreiwillig einsam sind als Menschen mit einem guten physischen Gesundheitszustand (vgl. Lippke et al. 2021; Adam et al. 2006, S. 17061; und siehe für einen Überblick die Metaanalyse zur Einsamkeit und sozialen Isolation im hohen Alter von Bücker, Lembcke, Hinz 2019, S. 21).

Aus den Ergebnissen einer Studie von Hakulinen et al. (2019, S. 1537) in Großbritannien geht hervor, dass soziale Isolation und Einsamkeit Risikofaktoren für gesundheitsschädliches Verhalten und für gesundheitliche Beeinträchtigungen sind:

> „Nine per cent of the individuals were socially isolated, 6% lonely, and 1% isolated and lonely. From the socially isolated individuals, 16% were lonely, and from the individuals who were lonely, 23% were socially isolated. Socially isolated and lonely individuals had higher prevalence of chronic diseases and current smoking. In addition, lonely individuals reported more depressive symptoms than non-lonely individuals" (Hakulinen et al. 2019, S. 1537).

Lippke et al. (2021) untersuchten mit zwei voneinander unabhängigen quantitativen Datensätzen, wie einsam sich die Menschen in Deutschland im Jahr 2019 (n = 1003) *vor der* und im Jahr 2020 (n= 1050) *während der Coronapandemie* gefühlt haben. Für die Zeit während der KB zeigte sich, dass „gesundheitliche Belastungen positiv mit berichteter Einsamkeitshäufigkeit ($\beta = 0{,}190$, $p < 0{,}001$) und einer wahrgenommenen Zunahme der Einsamkeit seit Beginn der Pandemie ($\beta = 0{,}088$, $p = 0{,}003$) assoziiert" (ebd., S. 7) waren.

Diese Studienergebnisse deuten auf ein wechselseitiges Regulationsverhältnis zwischen physischer Gesundheit und unfreiwilliger Einsamkeit hin. Ein schlechter physischer Gesundheitszustand kann ebenso zu unfreiwilliger Einsamkeit führen, wie aus dem dauerhaften Erleiden unfreiwilliger Einsamkeit gesundheitliche Beeinträchtigungen folgen können.

Zum Durchführungszeitpunkt von KoKon lagen keine Forschungsergebnisse zur Frage vor, wie dieselben Befragten ihre physische Verfassung *vor den und während der KB* eingeschätzt haben und wie diese Einschätzung mit ihrem Einsamkeitserleben ohne und während der KB korrespondierte. Vor dem Hintergrund dieser Befunde wurde folgende Forschungsfrage untersucht:

F 7: Litten Menschen, die von einem guten körperlichen Gesundheitszustand berichteten, vor den und während der KB geringer unter unfreiwilliger Einsamkeit als Menschen, die von einem mäßigen bis schlechten körperlichen Gesundheitszustand berichteten und welche Rolle spielte das Geschlecht in diesem Zusammenhang?

Auch zwischen der psychischen Verfassung und unfreiwilliger Einsamkeit besteht ein wechselseitiges Regulationsverhältnis. Unfreiwillige Einsamkeit kann die psychische Verfassung beeinträchtigen, eine schlechte psychische Verfassung kann zu unfreiwilliger Einsamkeit führen. So liegen Studienergebnisse vor, wonach Depression zu unfreiwilliger Einsamkeit führt, aber auch, dass unfreiwillige Einsamkeit depressiv macht (vgl. Bücker, Lembcke, Hinz 2019, S. 23).

Wie die Menschen ihre psychische Verfassung *ohne und während der* KB einschätzten, war zum Zeitpunkt der Studiendurchführung noch unklar. Daher wurde folgende Frage untersucht:

F 8: Inwiefern litten Menschen, die von einer guten psychischen Verfassung berichteten vor den und während der KB unter unfreiwilliger Einsamkeit und welche Rolle spielte das Alter in diesem Zusammenhang?

Jacob, Haro und Koyanagi (2019) fanden in ihrer Studie zur Häufigkeit psychischer Erkrankungen bei alleinlebenden Menschen in Großbritannien in den Jahren 1993 (n = 10.108), 2000 (n = 8.580) und 2007 (n = 7.403) einen statistischen Zusammenhang zwischen dem Alleinleben und psychischen Erkrankungen:

> „There was a positive association between living alone and CMDs [the prevalence of common mental disorders, M. N.] in the 1993 (odds ratio [OR] = 1.69; 95% confidence interval [CI]: 1.44–2.00), 2000 (OR = 1.63; 95% CI: 1.37–1.93) and 2007 datasets (OR = 1.88; 95% CI: 1.57–2.26). This association remained significant in the stratified analyses except in people aged 60–64 years in 1993 (OR = 1.59; 95% CI: 0.99–2.55) and 2000 (OR = 1.30; 95% CI: 0.76–2.22)" (ebd., S. 4).

Allerdings muss ein alleinlebender Mensch nicht zwangsläufig unter unfreiwilliger Einsamkeit leiden, da er möglicherweise über erfüllende nachbarschaftliche Kontakte verfügt (vgl. Bücker et al. 2019a, S. 7). Ob sich nachbarschaftliche

Kontakte durch die KB verändert haben, war zum Durchführungszeitpunkt der Studie KoKon nicht erforscht. Daher wurden folgende Forschungsfragen untersucht:

F 9: Litten Personen, die allein lebten, vor den und während der KB stärker unter unfreiwilliger Einsamkeit als Menschen, die nicht allein lebten und welche Rolle spielte ihre psychische Verfassung in diesem Zusammenhang?

F 10: Litten Personen, die allein lebten, vor den und während der KB stärker unter unfreiwilliger Einsamkeit als Menschen, die nicht allein lebten und welche Rolle spielten ihre nachbarschaftlichen Kontakte in diesem Zusammenhang?

Die psychische und physische Verfassung werden auch durch sportliche Aktivitäten und den Alkoholkonsum beeinflusst. Menschen, die unter unfreiwilliger Einsamkeit leiden, sind seltener sportlich aktiv und neigen zu stärkerem Alkoholkonsum als Menschen ohne unfreiwilligem Einsamkeitserleiden (Cohen-Mansfield et al. 2016; Ong et al. 2016). Unfreiwillige Einsamkeit, die mit fehlenden unterstützenden sozialen Beziehungen einhergeht, wirkt sich negativ auf die Gesundheit aus, was Holt-Lunstad et al. (2015) im Rahmen einer Metaanalyse herausfanden:

> „For instance, while researchers may be tempted to use a simple single-item such as 'living alone' as a proxy for social isolation, it is possible for one to live alone but have a large supportive social network and thus not adequately capture social isolation. We also found that social isolation had a similar influence on likelihood of mortality compared with other measures of social relationships" (Holt-Lunstad et al. 2015, S. 9).

Wenn familiäre Kontaktpersonen gesundheitsförderndes Verhalten, wie körperliche Aktivitäten, unterstützen, kann dies zu einer höheren intrinsischen Motivation für diese Aktivitäten führen (vgl. Krasko, Kirchdörfer 2019, S. 35). Zur Frage, ob sich die Qualität familiärer Kontakte durch die KB veränderte und sich etwaige Veränderungen auf gesundheitsförderndes Verhalten auswirkten, lagen keine Studienergebnisse vor. Daher wurden folgende Forschungsfragen analysiert:

F 11: Litten Personen, die nicht vor den, während der und nach der Lockerung der KB sportlich aktiv waren stärker unter unfreiwilliger Einsamkeit als Personen, die vor den, während der und nach der Lockerung der KB sportlich aktiv gewesen sind und welche Rolle spielte das familiäre Zusammenleben in diesem Zusammenhang?

F 12: Litten Personen, die regelmäßig Alkohol konsumierten, vor den, während der und nach der Lockerung der KB stärker unter unfreiwilliger Einsamkeit als Personen, die vor den, während der und der Lockerung der KB nicht regelmäßig Alkohol konsumierten und welche Rolle spielte das familiäre Zusammenleben in diesem Zusammenhang?

3.2.2 Mesoebene

Die Eingebundenheit der Menschen in freundschaftliche und nachbarschaftliche Kleingruppen betrifft sowohl die Kontaktquantität als auch die -qualität. Repräsentative Studienergebnisse von Splendid Research (2019, S. 8) zum Einsamkeitserleben in Deutschland (n = 1006) legen nahe, dass Menschen trotz eines umfangreichen Freundesnetzwerks im digitalen Raum einen Qualitätsmangel bei diesen Kontakten beklagen, wenn diese zu unpersönlich sind.

Neben der Anzahl und der Qualität von Freundschaften ist auch die Frage, wie häufig Freunde getroffen werden oder mit ihnen telefoniert wird, mit dem Erleben unfreiwilliger Einsamkeit assoziiert. So berichten ältere Personen, die häufig Besuche von Freunden erhalten, weniger von unfreiwilliger Einsamkeit als ältere Personen, die selten von Freunden besucht werden (vgl. Bücker, Lembcke, Hinz 2019, S. 27).

Allerdings lässt sich aus den Ergebnissen der Studie „Rente und Alter“ (FGW 2020, S. 38) schlussfolgern, dass ältere Menschen, die sich nur selten mit Freunden treffen oder mit ihnen telefonieren, nicht stärker unter unfreiwilliger Einsamkeit leiden als Personen mit einer stärkeren Kontaktfrequenz.

Auch Plattner, Brandstötter und Paal (2021, S. 5 f.) heben basierend auf den Ergebnissen einer Literaturrecherche zum Einsamkeitserleben von Bewohner*innen in Pflegeheimen hervor:

> „Wiesen soziale Beziehungen eine hohe Qualität auf und wurde das Bedürfnis der Bewohner*innen nach bedeutungsvollen sozialen Kontakten befriedigt, verringerte sich das Einsamkeitserleben. Die Quantität an sozialen Kontakten und die Treffen mit anderen Bewohner*innen wurden als weniger bedeutungsvoll eingestuft“.

Zum Zeitpunkt der Durchführung von KoKon fanden sich keine Studienergebnisse zur Frage, ob *sich durch die KB* die Kontaktfrequenz sowie die Art der Kontaktpflege verändert haben. Auch wie sich etwaige Veränderungen auf das Einsamkeitserleben bei Menschen unterschiedlichen Alters ausgewirkt haben, ist noch nicht durch Studienergebnisse beleuchtet gewesen. Daher wurden folgende Forschungsfragen untersucht:

F 13: Haben sich durch die KB Veränderungen in der *Häufigkeit persönlicher Treffen* mit Freunden ergeben, die sich auf das Erleiden unfreiwilliger Einsamkeit ausgewirkt haben und welche Rolle spielte das Alter in diesem Zusammenhang?

F 14: Haben sich durch die KB Veränderungen in der *Häufigkeit von Telefonaten* mit Freunden ergeben, die sich auf das Erleiden unfreiwilliger Einsamkeit ausgewirkt haben und welche Rolle spielte das Alter in diesem Zusammenhang?

Die Forschungsfragen 13 und 14 wurden formuliert, um zu analysieren, ob eher eine wahrgenommene Diskrepanz zwischen dem subjektiven Anspruch an die Quantität oder an die Qualität sozialer Kontakte und ihrer Anzahl bzw. Beschaffenheit zu unfreiwilligem Einsamkeitserleben führen (vgl. Kap. 2).

Studienergebnisse von Coyle und Dugan (2012) zur sozialen Isolation, Einsamkeit und Gesundheit bei älteren Erwachsenen (n = 11.825) legen nahe: Menschen, die wenig Freunde haben, leiden häufiger unter unfreiwilliger Einsamkeit als Menschen mit einem großen Freundeskreis. Laut den Ergebnissen einer Metaanalyse von Pinquart und Sörensen (2001), haben Männer im Vergleich zu Frauen tendenziell kleinere soziale Netzwerke. Ob und inwiefern sich die Größe des sozialen Netzwerks auf unfreiwillige Einsamkeit *vor den, während der und nach der Lockerung der KB* ausgewirkt hat, wurde empirisch noch nicht ermittelt. Daher stellte sich folgende Forschungsfrage:

F 15: Litten Personen mit einem kleinen Freundeskreis vor den, während der und nach der Lockerung der KB stärker unter unfreiwilliger Einsamkeit als Personen mit einem großen Freundeskreis und welche Rolle spielte das Geschlecht in diesem Zusammenhang?

Dass unfreiwillige Einsamkeit aber auch aus der subjektiv wahrgenommenen Diskrepanz zwischen der erwünschten und der vorhandenen Kontaktqualität resultiert, geht aus den Ergebnissen der Metaanalyse von Pinquart und Sörensen (2001, S. 245) hervor: „Quality of social network is correlated more strongly with loneliness, compared to quantity".

Ob sich Menschen, die ihre Freundesbeziehungen als wenig sinnvoll erleben, *vor den, während der und nach der Lockerung der KB* unfreiwillig einsam fühlten, war zum Durchführungszeitpunkt der Studie KoKon noch unerforscht. Daher wurde diese Forschungsfrage untersucht:

F 16: Litten Personen mit Freundschaften, die sie als wenig sinnvoll erlebten, vor den und nach der Lockerung der KB stärker unter unfreiwilliger Einsamkeit als Personen, die ihre Freundschaften als sinnvoll erlebten und welche Rolle spielte die Größe des Freundesnetzwerks in diesem Zusammenhang?

Freundschaften werden auch wohnortnah gepflegt. Bücker, Lembcke und Hinz (2019, S. 20) gehen im Rahmen einer Metaanalyse zur Einsamkeit und sozialen Isolation im hohen Alter auf Studien ein, in denen entweder das Leben in ländlichen oder in städtischen Gebieten als Schutzfaktor für unfreiwillige Einsamkeit bei älteren Menschen ermittelt wurde. Laut den Ergebnissen der Studie

„Rente und Alter“ FGW (2020) gibt es kein Stadt-Land-Gefälle beim Erleiden unfreiwilliger Einsamkeit:

> „Unter Rentnern und/oder alten Menschen in Großstädten fühlen sich praktisch ebenso viele Befragte selten oder nie einsam, wie in kleineren Städten oder in den kleinen Gemeinden unseres Landes“ (ebd., S. 22).

Zur Frage, ob sich das Einsamkeitserleben bei Personen, die in ländlichen oder in städtischen Regionen lebten, *vor den, während der und nach der Lockerung der KB* verändert hat, lagen zum Zeitpunkt der Durchführung von KoKon keine Studienergebnisse vor. Daher stellte sich folgende Forschungsfrage:

> F 17: Inwiefern haben Menschen, die in städtischen oder in ländlichen Gebieten lebten, unfreiwillige Einsamkeit vor den, während der und nach der Lockerung der KB erlitten und welche Rolle spielte das Alter in diesem Zusammenhang?

Die KB während des ersten Lockdowns erforderten es, sich vorwiegend in der eigenen Wohnung aufzuhalten. Insbesondere an ältere Menschen wurde die Erwartung gerichtet, ihre Wohnung möglichst gar nicht zu verlassen. Außenbereiche, wie der Garten, die Terrasse und/oder der Balkon boten in dieser Zeit Gelegenheiten für Gespräche mit Nachbar*innen über den Zaun und/oder die Balkonbrüstung (vgl. Schürholz, Noack 2021, S. 164).

Um zu untersuchen, inwieweit Personen, die über einen Garten bzw. einen Balkon verfügten, vor den, während der und nach der Lockerung der KB unter unfreiwilliger Einsamkeit litten, wurde folgende Forschungsfrage untersucht.

> F 18: Inwiefern litten Personen, die über Wohnraum mit einer Außenanlage verfügten, vor den, während der und nach der Lockerung der KB unter unfreiwilliger Einsamkeit und welche Rolle spielte das Alter der Personen in diesem Zusammenhang?

3.2.3 Makroebene

Becker, Hartwich und Haslam (2021, S. 1) haben vier Studien zur neoliberalen Wahrnehmung[4] der Gesellschaft und Einsamkeit durchgeführt. In der ersten Studie (n = 246) zeigte sich, dass Menschen, die ihre Gesellschaft als neoliberal

4 Neoliberalismus wird von den Forscher*innen folgendermaßen definiert: „Neoliberalism is founded on assertions that human well-being and progress can best be secured by increasing entrepreneurial freedom, individual responsibility, property ownership, and free trade while at the same time keeping government and state involvement in economic affairs to a minimum (Harvey, 2005)“ (Becker, Hartwich, Haslam 2021, S. 2).

wahrnehmen, stärker unter unfreiwilliger Einsamkeit leiden und ein geringeres Wohlbefinden haben als Personen, die ihre Gesellschaft als weniger neoliberal erleben. Im Rahmen der vierten Studie (n = 303) zeigte sich, dass sich bei Personen, die unter der neoliberalen Ideologie (vgl. Fußnote 4) leiden, das Gefühl der Verbundenheit mit anderen Menschen verringert und sich die Wahrnehmung intensiviert, mit anderen im Wettbewerb um gesellschaftliche Teilhabechancen zu stehen.

Gesellschaftliche Teilhabechancen, die u. a. durch die finanzielle Situation vermittelt werden, beeinflussen die Optionen eines Menschen, subjektiv sinnvoll erlebte Beziehungen zu knüpfen und zu pflegen. Aus der Übersicht zur Datenlage zu Einsamkeit und sozialer Isolation im hohen Alter (vgl. Bücker, Lembcke, Hinz 2019, S. 27) geht hervor: Wer nicht in prekären finanziellen Verhältnissen lebt, hat mehr Optionen, an der Gesellschaft teilzuhaben und soziale Kontakte zu knüpfen und/oder zu pflegen. Die Studienergebnisse von Splendid Research (2019, S. 11) legen nahe, dass sich Geringverdiener*innen häufiger einsam fühlen als Besserverdiener*innen. Zum Zeitpunkt der Durchführung von KoKon lagen keine empirischen Ergebnisse zur Frage vor, ob das Nettoeinkommen die Regulation unfreiwilliger Einsamkeit *vor den, während der und nach der Lockerung der KB* beeinflusst. Daher wurde folgende Forschungsfrage bearbeitet:

F 19: Inwiefern wirkte sich die Höhe des Nettoeinkommens einer Person auf das Erleiden unfreiwilliger Einsamkeit vor den, während der und nach der Lockerung der KB aus und welche Rolle spielte das Geschlecht in diesem Zusammenhang?

Laut dem Siebten Altenbericht der Bundesregierung sind ältere Menschen, deren finanzielle Lage beispielsweise aufgrund unzureichender Rentenbezüge prekär ist, häufiger sozial ausgegrenzt als ältere Menschen, die über ausreichende finanzielle Mittel verfügen (vgl. BMFSFJ 2016, S. 74 ff.). Ob sich diese Ausgrenzungstendenzen *durch die KB* verändert haben, war zum Studienzeitpunkt empirisch nicht geklärt. Daher fand folgende Forschungsfrage Eingang in die Untersuchung:

F 20: Inwiefern litten Menschen, die auf existenzsichernde Sozialleistungen angewiesen sind, vor den, während der und nach der Lockerung der KB unter unfreiwilliger Einsamkeit und welche Rolle spielte das Alter dabei?

Von der finanziellen Situation ist auch die Mobilität abhängig. Wer über Mobilitätsmittel verfügt, hat mehr Chancen, subjektiv sinnvolle Kontakte außerhalb der eigenen Wohngegend zu knüpfen sowie zu pflegen und dadurch sein Einsamkeitserleben zu regulieren. Auch die körperliche Mobilität hängt mit Einsamkeitserleben zusammen. Lampinen et al. (2017) untersuchten im Rahmen einer Langzeit-Follow-Up-Studie den Einfluss körperlicher Mobilität auf Wohlfühlfaktoren, wie depressive Symptome, Angstzustände, Einsamkeit, selbstbewertete geistige Kraft und den Sinn im Leben (n = 663). Die Autor*innen fanden heraus, dass eine geringe Anzahl chronischer Krankheiten, ein besserer Mobilitätsstatus und Freizeitaktivitäten mit dem psychischen Wohlbefinden assoziiert waren (vgl. ebd., S. 454).

Zum Zeitpunkt der Durchführung der Studie KoKon fanden sich keine Forschungsergebnisse zum Zusammenhang unfreiwilliger Einsamkeit, Mobilitätsmitteln und den KB. Daher wurde folgende Forschungsfrage bearbeitet:

F 21: Inwiefern litten Menschen, die über Mobilitätsmittel verfügten, vor den, während der und nach der Lockerung der KB unter unfreiwilliger Einsamkeit und welche Rolle spielte das Alter in diesem Zusammenhang?

Die finanzielle Situation eines Menschen kann auch von dessen Migrationserfahrungen oder den Migrationserfahrungen seiner Eltern geprägt sein. Menschen mit Zuwanderungs- oder Fluchthintergrund sind eher von sozialer Ungleichheit im Allgemeinen (vgl. Gögercin 2018, S. 37) und von Einkommensungleichheit im Speziellen betroffen (vgl. Schramkowski 2018, S. 48) als Menschen ohne Zuwanderungs- oder Fluchthintergrund. Eyrund und Orth (2019) analysierten mit dem Datensatz des Sozio-oekonomischen Panels (SOEP) von 2017 (n = 26.681) mögliche Zusammenhänge von Migrationshintergrund, Einkommen und Einsamkeit. Sie kamen zu folgendem Ergebnis:

> „Von nicht erwerbstätigen Personen mit direktem Migrationshintergrund[5] fühlen sich 28 Prozent einsam. Gehen Personen mit direktem Migranten [sic!] einem Job nach, reduziert sich der Anteil der Einsamen deutlich auf etwa 9 Prozent. Umgekehrt geben fast 58 Prozent der erwerbstätigen direkten Migranten ein, [sic!] nicht einsam zu sein. Von denjenigen, die nicht erwerbstätig sind, sagen das nur 16 Prozent. Die Kombination von direktem Migrationshintergrund und Erwerbslosigkeit scheint sich für die Betroffenen besonders negativ auszuwirken" (ebd., S. 18).

Zum Zeitpunkt der Durchführung von KoKon fanden sich keine Studienergebnisse *zur Rolle der KB* für das Erleiden unfreiwilliger Einsamkeit bei Menschen mit Migrationshintergrund, die über ein Nettoeinkommen verfügten oder Sozialleistungen bezogen. So stellten sich folgende Forschungsfragen:

5 Den Begriff Migrationshintergrund definieren die Autor*innen folgendermaßen: „Direkter Migrationshintergrund: Person ist im Ausland geboren. Indirekter Migrationshintergrund: Mindestens ein Elternteil ist im Ausland geboren" (Eyrund, Orth 2019, S. 17).

F 22: Inwiefern litten Menschen, die flüchteten oder zuwanderten, vor den, während der und nach der Lockerung der KB unter unfreiwilliger Einsamkeit und welche Rolle spielte der Bezug von Sozialleistungen in diesem Zusammenhang?

F 23: Inwiefern litten Menschen, die flüchteten oder zuwanderten, vor den, während der und nach der Lockerung der KB unter unfreiwilliger Einsamkeit und welche Rolle spielte die Höhe des Nettoeinkommens in diesem Zusammenhang?

3.3 Einsamkeit und Soziale Arbeit

Die einsamkeitsbezogene Studienlage in der Sozialen Arbeit ist bislang noch dünn. Im Folgenden werden eine Studie aus der Kinder- und Jugendhilfe und eine Studie aus der Sozialpsychiatrie vorgestellt. Danach geht es um Studienergebnisse zu den Wirkungen von Interventionen gegen Einsamkeit.

3.3.1 Einsamkeit in der Kinder-, Jugend- und Familienhilfe

Im Rahmen einer qualitativen Evaluationsbefragung von Adressat*innen der Grazer Kinder- und Jugendhilfe (n = 21) zeigte sich, dass unfreiwilliges Einsamkeitserleben, insbesondere für alleinerziehende Personen dazu geführt hat, Kontakt zum Jugendamt aufzubauen (Hojnik, Kölbl, Noack 2022):

> „Ähm, weil es in erster Linie bei mir darum ging, dass ich alleine bin, also komplett alleine bin. Und ich war einfach irgendwie an einem Punkt angelangt, wo es für mich einfach nicht mehr weiterging. Ich war einfach physisch und psychisch erschöpft. Und das war mein erster Impuls, dass ich mich beim Jugendamt melde und schaue, ob es als Option irgendwas gebe, wo ich Unterstützung bekommen könnte" (Auszug aus dem Interview mit einer alleinerziehenden Mutter).

Auch für Familienangehörige, die in Paarbeziehungen leben, kann unfreiwillige Einsamkeit ein Risikofaktor darstellen. Laut einer sekundäranalytischen Auswertung von Studienergebnissen zur Gewalt gegen Frauen des Bundesministeriums für Familie, Senioren, Frauen und Jugend (BMFSFJ 2014, S. 38) ist häusliche Gewalt nicht nur eine Folge, sondern auch eine Ursache unfreiwilliger Einsamkeit. Frauen, die unfreiwillig in geringem Maße in soziale Beziehungen eingebunden sind, erleiden häufiger Misshandlungen als Frauen, die über ein unterstützendes soziales Netzwerk verfügen. Darüber hinaus erschwert das Erleiden unfreiwilliger Einsamkeit die Trennung von dem Partner.

3.3.2 Einsamkeit in der Sozialpsychiatrie

Bürklin und Wunderer (2020) haben sich mit den Hintergründen und Interventionsmöglichkeiten der klinischen Sozialarbeit am Beispiel psychisch kranker Menschen beschäftigt. Dazu befragten sie Fachkräfte (n = 6) aus der ambulanten Arbeit mit psychisch erkrankten Menschen.

Zum Zusammenhang von Einsamkeit und psychischen Erkrankungen legen die Befragungsergebnisse nahe, dass unter psychisch erkrankten Menschen sozialer Rückzug, Inaktivität und eine Opferhaltung besonders weit verbreitet sind (vgl. ebd., S. 452). Die größere Vulnerabilität psychisch erkrankter Menschen im Hinblick auf unfreiwillige Einsamkeit führten die Befragten auf interne Faktoren, wie beispielsweise die psychische Erkrankung selbst, aber auch auf Misstrauen und Verlustängste zurück. Bei psychisch erkrankten Menschen käme es besonders häufig zu Beziehungsabhängigkeiten, aber auch zu Kontaktabbrüchen (vgl. ebd., S. 451).

Als äußere Faktoren beeinflussten laut den befragten Fachkräften Diskriminierung und Ausgrenzung die Entstehung unfreiwilliger Einsamkeit (vgl. ebd., S. 452). Allerdings haben die befragten Fachkräfte auch von hilfreichen Bewältigungsstrategien, wie etwa der Aufnahme einer Arbeit oder der Anschaffung eines Haustieres berichtet (vgl. ebd., S. 451).

3.3.3 Wirkungen einsamkeits(un)spezifischer Interventionen

Im deutschsprachigen Raum gibt es bisher kaum evidenzbasiertes Wissen zur Wirksamkeit von Interventionen, mit denen Menschen dabei unterstützt werden, unfreiwilliges Einsamkeitserleben zu regulieren. Auch im englischsprachigen Raum (Großbritannien und Neuseeland) sind derlei evidenzbasierte Fakten rar (vgl. Gardiner, Geldenhuys, Gott 2018, S. 148).

Gardiner, Geldenhuys und Gott (2018) haben das vorhandene evidenzbasierte Wissen zur Wirksamkeit von Interventionen, die darauf abzielen, soziale Isolation und Einsamkeit bei älteren Menschen zu reduzieren, in einer Metaanalyse zusammengetragen. Ein zentraler Befund: Einige der wirksamsten Maßnahmen sind nicht *einsamkeitsspezifisch*, sondern beugten unfreiwilliger Einsamkeit vor oder reduzierten unfreiwilliges Einsamkeitserleben unter anderen Etiketten: Tiergestützte Interventionen, Freizeitangebote, Angebote für die Kompetenzentwicklung (Gartenprogramme, Computer-/Internetnutzung, Freiwilligenarbeit) und achtsamkeitsbasierte Stressreduktionsmaßnahmen reduzierten unfreiwillige Einsamkeit am wirksamsten (Gardiner, Geldenhuys, Gott 2008, S. 152). Von solchen *einsamkeitsunspezifischen* Interventionen waren beteiligungsorientierte und autonomiewahrende Maßnahmen am wirkmächtigsten (Gardiner, Geldenhuys, Gott 2008, S. 151).

Diese Befunde decken sich mit den Ergebnissen einer Studie, bei welcher der Unterstützungsbedarf älterer Menschen mit Migrationserfahrung in Mönchengladbach-Rheydt untersucht wurde (Celik, Oeben, Noack 2022). Im Rahmen der Studie wurden 37 Fachkräfte aus der offenen und der stationären Altenhilfe unter anderem dazu befragt, welche Gründe sie dafür sehen, dass ältere Menschen Leistungen ihrer Einrichtungen nicht nutzen. Ein zentrales Ergebnis bestand in der Beobachtung der Fachkräfte, dass Begegnungsangebote der offenen Altenhilfe aufgrund ihrer Etikettierung nicht angenommen werden. Unabhängig davon, ob ein Mensch Migrationserfahrung hat oder nicht, beobachteten Fachkräfte, dass viele Menschen das Thema Alter(n) verdrängen würden. Ältere Menschen würden sich alt fühlen, wenn sie eine Begegnungsstätte für ältere Menschen aufsuchen und bleiben diesen Begegnungsangeboten trotz negativen Einsamkeitserlebens fern. Die 34 befragten über 65-jährigen Personen mit Migrationserfahrung bestätigten dies überwiegend.

Im Hinblick auf *einsamkeitsspezifische* Maßnahmen fanden Gardiner, Geldenhuys und Gott (2008, S. 151) heraus, dass Reminiszenzgruppenangebote, humortherapeutische Angebote sowie kognitive Unterstützungsmaßnahmen unfreiwilliges Einsamkeitserleben am deutlichsten reduzierten (vgl. ebd.).

Personen, die unter unfreiwilliger Einsamkeit litten, aber an keine Hilfen angedockt waren, konnten durch gemeinwesenbezogene Interventionen im Rahmen des Community-Developments erreicht werden (vgl. ebd., S. 153). Wenn Menschen in einem Wohngebiet von Fachkräften dabei unterstützt wurden, Ansätze des Community-Developments aktiv mitzugestalten, reduzierte sich unfreiwilliges Einsamkeitserleben wirksamer als bei Ansätzen, die von lokalen Organisationen top-down umgesetzt wurden:

> „A community development approach, where service users are involved in the design and implementation of interventions, was often associated with more successful intervention [...]. Finally, activities or interventions which supported productive engagement seemed to be more successful in alleviating social isolation than those involving passive activities or those with no explicit goal or purpose [...]" (ebd., S. 153).

Personen, die ihre Interessen an und in der Nachbarschaft einsamkeitsunspezifisch in Prozesse des Community-Developments einbringen konnten, knüpften nebenbei neue Kontakte (vgl. ebd.).

4. Forschungsdesign der Studie KoKon

Zunächst wird dargestellt, mit welchen Methoden die Daten erhoben und ausgewertet wurden. Anschließend geht es um das Item, mit dem das Einsamkeitserleben der Befragten erfasst wurde.

4.1 Erhebungs- und Auswertungsmethoden

Um herauszufinden, mit welchen Mikro-, Meso- und/oder Makroregulatoren subjektives Einsamkeitserleben korrespondiert, sind Mixed-Method-Ansätze geeignet.

Mit quantitativen Methoden lassen sich Korrelationen zwischen Mikro-, Meso- und Makroregulatoren als unabhängige Variablen und der abhängigen Variable unfreiwillige Einsamkeit untersuchen. Um die Korrelationsmechanismen aufzuklären, sind qualitative Methoden geeignet (vgl. Gläser, Laudel 2009, S. 27 f.).

Aufgrund begrenzter finanzieller (es flossen keine „Drittmittel") und zeitlicher Kapazitäten (es bestand die Idee, die Studie unmittelbar nach der Lockerung der KB zu lancieren, damit die Befragten sich gut an die Zeit vor den und während der KB erinnern konnten), wurde für die Datensammlung ein standardisierter Fragebogen eingesetzt. Um jedoch so viel subjektive Perspektiven wie möglich auswerten zu können, wurde den Befragten häufig die Möglichkeit gegeben, ihre Antworten auf die standardisierten Fragen offen zu kommentieren.

Auf der Grundlage eines vermuteten positiven oder negativen Zusammenhangs zwischen einer abhängigen und einer unabhängigen Variablen bezüglich des Erlebens unfreiwilliger Einsamkeit wurden monokausale Hypothesen gebildet. Kontrollvariablen fanden Berücksichtigung, um zu untersuchen, ob Korrelationen zwischen der unabhängigen und der abhängigen Variable im Hinblick auf die Kontrollvariable in unterschiedlichem Maße bestehen (vgl. Brosius 2011, S. 426). Die aus dem Forschungsstand abgeleiteten Forschungsfragen (vgl. Kap. 3.2) bildeten den Ausgangspunkt der Hypothesenbildung. Die zeitlichen Perspektiven der Forschungsfragen wurden bei der Hypothesenbildung berücksichtigt. Monokausale Hypothesen zeichnen sich durch die Benennung einer Ursache im „Wenn-" bzw. „Je-Teil", die den Sachverhalt im „Dann-" bzw. „Desto-Teil" erklärt, aus (vgl. Döring, Botz 2016, S. 55). Aufgrund der unterschiedlichen Zeitperspektiven (vgl. Kap. 3.2) handelt es sich genau genommen um monokausale Quasi-Veränderungshypothesen (vgl. ebd., S. 147).

- *Hypothese 1*: Wenn Personen vor den, während der und nach der Lockerung der KB zufrieden mit ihrem Leben waren, dann litten sie vor den, während der und nach der Lockerung der KB geringer unter unfreiwilliger Einsamkeit als Personen, die mit ihrem Leben unzufrieden gewesen sind.
- *Hypothese 2*: Je optimistischer Personen nach der Lockerung der KB gewesen sind, desto geringer litten sie nach der Lockerung der KB unter unfreiwilliger Einsamkeit.
- *Hypothese 3*: Wenn Personen extrovertiert gewesen sind, litten sie vor den, während der und nach der Lockerung der KB geringer unter unfreiwilliger Einsamkeit als nicht aufgeschlossene Personen.
- *Hypothese 4*: Je emotional belastbarer Personen gewesen sind, desto geringer litten sie vor den, während der und nach der Lockerung der KB unter unfreiwilliger Einsamkeit.
- *Hypothese 5*: Wenn Personen in einer romantischen Partnerschaft lebten, dann litten sie vor den, während der und nach der Lockerung der KB geringer unter unfreiwilliger Einsamkeit als Personen, die nicht in einer romantischen Partnerschaft lebten.
- *Hypothese 6*: Wenn Personen alleinerziehend waren, dann litten sie vor den, während der und nach der Lockerung der KB eher unter unfreiwilliger Einsamkeit als Personen, die nicht alleinerziehend waren.
- *Hypothese 7*: Je besser Personen ihren physischen Gesundheitszustand vor den KB und während der KB einschätzten, desto geringer litten sie vor den und während der KB unter unfreiwilliger Einsamkeit.
- *Hypothese 8*: Je besser Personen ihre psychische Verfassung vor den und während der KB einschätzten, desto geringer litten sie vor den und während der KB unter unfreiwilliger Einsamkeit.
- *Hypothese 9*: Wenn Personen allein lebten, litten sie vor den und während der KB stärker unter unfreiwilliger Einsamkeit als Personen, die nicht allein lebten.
- *Hypothese 10*: Wenn alleinlebende Personen vor den und während der KB über reziproke Nachbarschaftsbeziehungen verfügten, dann litten sie vor den und während der KB geringer unter unfreiwilliger Einsamkeit als Personen, die nicht über reziproke Nachbarschaftsbeziehungen verfügten.
- *Hypothese 11*: Wenn Personen sportlich aktiv waren, dann litten sie vor den, während der und nach der Lockerung der KB geringer unter unfreiwilliger Einsamkeit als Personen, die nicht sportlich aktiv gewesen sind.
- *Hypothese 12*: Wenn Personen regelmäßig Alkohol konsumierten, dann litten sie vor den, während der und nach der Lockerung der KB stärker un-

ter unfreiwilliger Einsamkeit als Personen, die nicht regelmäßig Alkohol konsumierten.

- *Hypothese 13*: Je häufiger Personen vor den und während der KB ihre Freunde persönlich getroffen haben, desto geringer litten sie unter unfreiwilliger Einsamkeit.
- *Hypothese 14*: Je häufiger Personen vor den und während der KB mit ihren Freunden telefoniert haben, desto geringer litten sie unter unfreiwilliger Einsamkeit.
- *Hypothese 15*: Je größer der Freundeskreis von Personen war, desto geringer litten sie vor den, während der und nach der Lockerung der KB unter unfreiwilliger Einsamkeit.
- *Hypothese 16*: Wenn Personen Freunde hatten, die sie 16.1) instrumentell sowie 16.2) emotional unterstützten und 16.3) sie den Eindruck hatten, ihre Freunde würden sie so kennen, wie sie sind, dann litten sie vor den und nach der Lockerung der KB geringer unter unfreiwilliger Einsamkeit als Personen ohne diese Freundschaftsbeziehungen.
- *Hypothese 17*: Wenn Personen in einer urbanen Wohnregion lebten, dann litten sie vor den, während der und nach der Lockerung der KB stärker unter unfreiwilliger Einsamkeit als Personen, die in einer ländlichen Wohnregion lebten.
- *Hypothese 18*: Wenn Personen über Wohnraum mit einem Außenbereich verfügten, dann litten sie vor den, während der und nach der Lockerung der KB geringer unter unfreiwilliger Einsamkeit als Personen mit Wohnraum ohne einen Außenbereich.
- *Hypothese 19*: Je niedriger das monatliche Nettoeinkommen von Personen gewesen ist, desto eher litten sie vor den, während der und nach der Lockerung der KB unter unfreiwilliger Einsamkeit.
- *Hypothese 20*: Wenn Personen auf existenzsichernde Sozialleistungen angewiesen waren, dann litten sie vor den, während der und nach der Lockerung der KB stärker unter unfreiwilliger Einsamkeit als Personen, die nicht auf existenzsichernde Sozialleistungen angewiesen waren.
- *Hypothese 21*: Wenn Personen über 21.1) ein Auto verfügten, das sie regelmäßig nutzten, 21.2) einen Motorroller verfügten, den sie regelmäßig nutzten, 21.3) einen Elektroroller verfügten, den sie regelmäßig nutzten, 21.4) ein Fahrrad verfügten, das sie regelmäßig nutzten und 21.5) ein ÖPNV-Ticket verfügten, das sie regelmäßig nutzten, dann litten sie vor den, während der und nach der Lockerung der KB geringer unter unfreiwilliger Einsamkeit als Personen, die nicht über diese Mobilitätsmittel verfügten, um sie regelmäßig zu nutzen.
- *Hypothese 22*: Wenn Personen einen Migrationshintergrund hatten und existenzsichernde Sozialleistungen bezogen, dann litten sie vor den, während der und nach der Lockerung der KB stärker unter unfreiwilliger Ein-

samkeit als Personen ohne Migrationshintergrund, die keine existenzsichernden Sozialleistungen bezogen.

- *Hypothese 23*: Wenn Personen einen Migrationshintergrund hatten und ein niedriges monatliches Nettoeinkommen bezogen, dann litten sie vor den, während der und nach der Lockerung der KB stärker unter unfreiwilliger Einsamkeit als Personen ohne Migrationshintergrund, die über ein hohes monatliches Nettoeinkommen verfügten.

4.2 Wie wurde das Einsamkeitserleben der Befragten erfasst?

Um quantitative Daten zum Einsamkeitserleben aufzustellen, stehen direkte und indirekte Items zur Verfügung (vgl. Kap. 3). Im Rahmen von KoKon wurde ein indirektes Item angewendet, weil in Anlehnung an Elbing (1991, S. 17) davon ausgegangen wurde, dass Einsamkeit ein Tabuthema ist, was aufgrund sozialer Erwünschtheit zu Antworten führen kann, die positiver als das wahre Erleben sind. Alleinsein kann zu leidvollem Einsamkeitserleben führen, wenn der Zustand unfreiwillig entstanden ist (vgl. Lippke et al. 2021, S. 2; Cacioppo, Patrick 2011 [2008], S. 15).

Um unfreiwillige Einsamkeit zu erfassen, wurde „Alleinsein" als objektiv erfassbare Isolation mit der subjektiven Bewertung dieses Zustands verknüpft, indem die Befragten angeben konnten, ob sie „Alleinsein" positiv oder negativ erlebten:

Im Folgenden interessieren wir uns dafür, wie häufig Sie vor den/während der/nach der Lockerung der Kontaktbeschränkungen allein waren.

Der Begriff „häufig" wurde durch den Begriff „regelmäßig" konkretisiert, der sich in Anlehnung an Cacioppo und Christakis (2009) durch eine Umrechnung in Tagen pro Woche präzisieren ließ:

Unter „regelmäßig allein sein" verstehen wir mindestens vier komplette Tage in der Woche allein zu sein, also keine Personen zu treffen. Vor Einführung der/während der/nach den Kontaktbeschränkungen war ich in meiner Freizeit …

1. *regelmäßig allein und litt sehr stark darunter.*
2. *regelmäßig allein und habe stark darunter gelitten.*
3. *regelmäßig allein und habe etwas darunter gelitten.*
4. *regelmäßig allein und habe nicht darunter gelitten.*

Für eine übersichtliche Darstellung wurden die Kategorien zusammengefasst:

1. Starkes Erleiden unfreiwilliger Einsamkeit („Vor den, während der und nach den KB war ich in meiner Freizeit regelmäßig allein und litt sehr stark darunter“, bzw. „Vor den, während der und nach den KB war ich in meiner Freizeit regelmäßig allein und habe stark darunter gelitten“).
2. Schwaches Erleiden unfreiwilliger Einsamkeit („Vor den, während der und nach den KB war ich in meiner Freizeit regelmäßig allein und habe etwas darunter gelitten“).
3. Kein Erleiden unfreiwilliger Einsamkeit („Vor den, während der und nach den KB war ich in meiner Freizeit regelmäßig allein und habe nicht darunter gelitten“).

Durch dieses Item ließ sich zwar nur unfreiwilliges Einsamkeitserleben erfassen, das entsteht, wenn die Anzahl und die Frequenz von Kontakten der Befragten nicht ihren subjektiven Ansprüchen entsprachen. Aus den Kommentaren der Befragten zu dieser Frage ließen sich jedoch auch Rückschlüsse auf die Entstehung und Regulation von Einsamkeitserleben ableiten, das aus der Diskrepanz zwischen ihrem subjektiven Anspruch an die Sinnhaftigkeit von Kontakten und ihrem Erleben vorhandener Kontakte resultierte.

4.3 Wer wurde befragt?

Um deutschlandweit Personen zu befragen, wurde das soziale Netzwerk „Facebook“ genutzt. Dies geschah, indem Administrator*innen von Gruppen, die sich auf kreisfreie Städte und auf Landkreise[6] bezogen, angefragt wurden, ob sie Personen aus dem Forscher*innenteam zeitweilig aufnehmen und es ihnen erlauben würden, den Link zum Online-Fragebogen mit einer entsprechenden Ankündigung einzustellen. Personen, die dem Link folgten, erhielten die nach Art. 13 und 14 der EU-Datenschutzgrundverordnung (DSGVO) erforderlichen Informationen und konnten nach einer Einwilligung, die die Voraussetzungen nach Art. 4 Nr. 11 DSGVO erfüllte (Freiwilligkeit, Informiertheit, Ausdrücklichkeit und Widerrufbarkeit), an der Onlinebefragung teilnehmen.

6 Als Beispiel kann die Gruppe „Du kommst aus Landau in der Pfalz, wenn …“ angeführt werden. Aus der Gruppenbeschreibung geht hervor, dass sich der Austausch in der Gruppe über die kreisfreie Stadt „Landau in der Pfalz dreht: Alles aus & von der Gemeinde Landau in der Pfalz (Landau-Stadt, Mörzheim, Wollmesheim, Arzheim, Godramstein, Nußdorf, Dammheim, Queichheim & Mörlheim)“ (Facebook 2021).

Die Nutzung von „Facebook“ lässt sich kritisch hinterfragen, da nicht alle Menschen dieses soziale Netzwerk nutzen. So nutzen viele junge Menschen eher soziale Netzwerke wie „Instagram“ oder „TikTok“. Aus forschungsökonomischen Gründen (es flossen keine „Drittmittel“) wurde diese Vorgehensweise dennoch realisiert. Diese Vorgehensweise erschien auch deswegen vertretbar, weil es sich bei KoKon nicht um eine repräsentative, sondern um eine explorative Studie handelt.

Tabelle 2: Bundesland der Befragten

Bundesland	**Anzahl**
Baden-Württemberg	45
Bayern	26
Berlin	2
Brandenburg	25
Hessen	1
Mecklenburg-Vorpommern	12
Niedersachsen	12
Nordrhein-Westfalen	49
Rheinland-Pfalz	1
Sachsen	6
Sachsen-Anhalt	18
Schleswig-Holstein	2
Thüringen	21
Keine Angabe	13
Total	**233**

In den alten Bundesländern erhielt das Forscher*innenteam 25 Bewilligungen. Der Link zum Online-Fragebogen konnte also in 25 Gruppen für unterschiedliche Städte und Landkreise eingestellt werden. Von Administrator*innen kommunenspezifischer Gruppen in den neuen Bundesländern erhielt das Forscher*innenteam 23 Bewilligungen. Insgesamt haben 233 Personen den gesamten Online-Fragebogen beantwortet. Am häufigsten haben sich Personen aus Nordrhein-Westfalen an der Befragung beteiligt (vgl. Tabelle 2). In Hessen und Rheinland-Pfalz hat jeweils nur eine Person an der Befragung teilgenommen. In Bremen, Hamburg und dem Saarland haben keine Personen den Onlinefragebogen ausgefüllt.

Tabelle 3: Alter der Befragten

Alter der Befragten	Anzahl	Prozent
zwischen 18 und 27 Jahre alt	29	12,4
zwischen 28 und 37 Jahre alt	75	32,2
zwischen 38 und 47 Jahre alt	40	17,2
zwischen 48 und 57 Jahre alt	43	18,5
zwischen 58 und 67 Jahre alt	33	14,2
zwischen 68 und 77 Jahre alt	9	3,9
78 Jahre alt und älter	1	,4
nicht beantwortet	3	1,2
Total	**233**	**100,0**

An der Befragung haben insgesamt 180 Frauen (77,3 %), 48 Männer (20,5 %), zwei Personen, die ihr Geschlecht als divers (0,9 %) und drei Personen, die ihr Geschlecht nicht angegeben haben (1,3 %), teilgenommen. Das Alter der Befragten kann Tabelle 3 entnommen werden.

5. Ergebnisse der Studie KoKon

Die Daten wurden mit IBM SPSS Statistics Version 26 ausgewertet. Vor der Auswertung fand eine fallweise Überprüfung der Antwortmuster statt. Es fanden sich keine Fälle mit unplausiblen Antwortmustern. Fehlende Werte wurden ausgeschlossen (vgl. Döring, Bortz 2016, S. 589 ff.).

Die Ergebnisdarstellung beinhaltet einen deskriptiven und einen analytischen Teil. Zunächst werden die Angaben aller Befragten zum Erleben unfreiwilliger Einsamkeit vor den, während der und nach der Lockerung der KB verglichen. Danach wird das Einsamkeitserleben der Befragten differenziert nach ihrem Geschlecht, ihrem Alter und ihrem Wohnort beschrieben, um es mit den Ergebnissen der ALLBUS-Daten zum Einsamkeitserleben der Menschen in Deutschland nach Geschlecht, Alter und Wohnort (vgl. Kap. 3.1) zu vergleichen. Der deskriptive Teil endet mit der Darstellung der korrelationsanalytischen Ergebnisse.

Basierend auf den offenen Kommentaren der Befragten werden die korrelationsanalytischen Ergebnisse im sechsten Kapitel interpretiert.

5.1 Unfreiwillige Einsamkeit vor den, während der und nach der Lockerung der KB

Mit 92,9 % haben die meisten Befragten angegeben, vor den KB nicht unter unfreiwilliger Einsamkeit gelitten zu haben (vgl. Abbildung 7).

Abbildung 7: Unfreiwillige Einsamkeit vor den KB

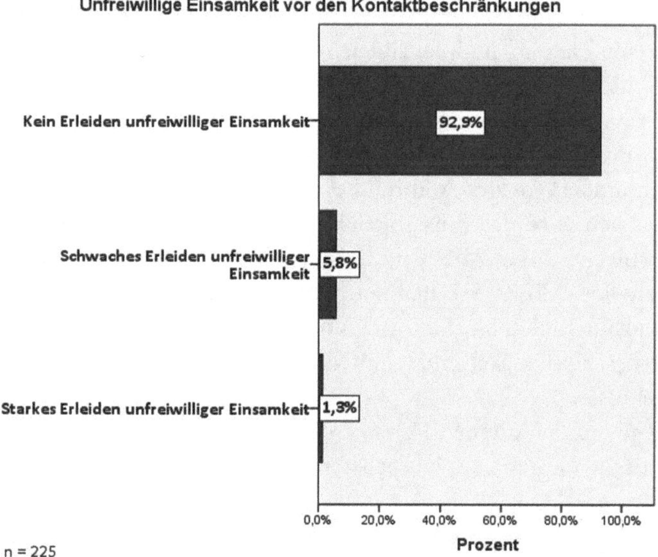

n = 225

Obwohl im Rahmen der Allgemeinen Bevölkerungsumfrage 2018 ein anderes indirektes Item zur Erfassung des Einsamkeitserlebens angewendet wurde (vgl. Kap. 3.1), lässt sich eine Parallele festhalten. Mit 92,9 % können auch bei KoKon mehr als dreiviertel der Befragten als nicht unfreiwillig einsam eingestuft werden.

Das als Leiden unter dem Alleinsein ermittelte unfreiwillige Einsamkeitserleben der Befragten von KoKon änderte sich für die zeitliche Perspektive während der KB (vgl. Abbildung 8). Die Zahl jener Personen, die schwach unter unfreiwilliger Einsamkeit litten, stieg um mehr als 20 %.

Abbildung 8: Unfreiwillige Einsamkeit während der KB

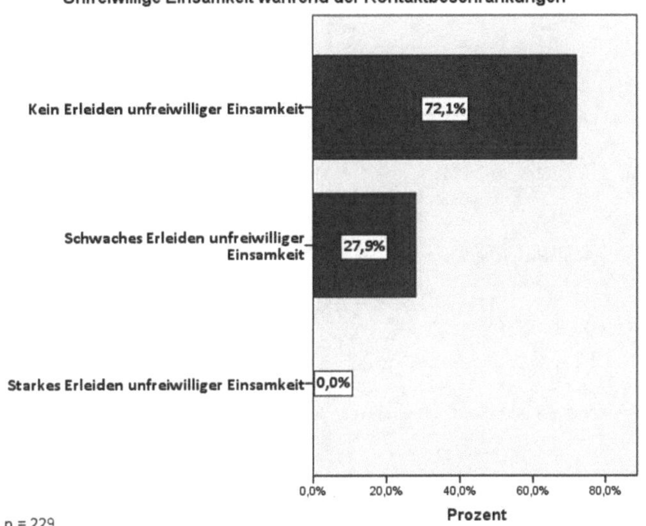

Interessant ist, dass keine Person angegeben hat, während der KB stark unter unfreiwilliger Einsamkeit gelitten zu haben. Vielleicht wurde dem Leid des Alleinseins vorgebeugt, indem während des Lockdowns Kontakte verstärkt telefonisch gepflegt wurden.

Dies geht jedenfalls aus den Daten hervor. Während 8,3 % der Befragten (n = 230) angegeben haben, vor den KB jeden Tag mit Freund*innen telefoniert zu haben, stieg die Zahl der Personen (n = 231), welche dies für die Zeit während der KB angegeben haben, auf 14,7 %. Denkbar ist auch, dass neue Kontakte durch soziale Netzwerke geknüpft worden sind.

Für die Zeit nach der Lockerung der KB stieg die Zahl der Befragten, die stark unter unfreiwilliger Einsamkeit litten, um 3,5 % (vgl. Abbildung 9).

Abbildung 9: Unfreiwillige Einsamkeit nach der Lockerung der KB

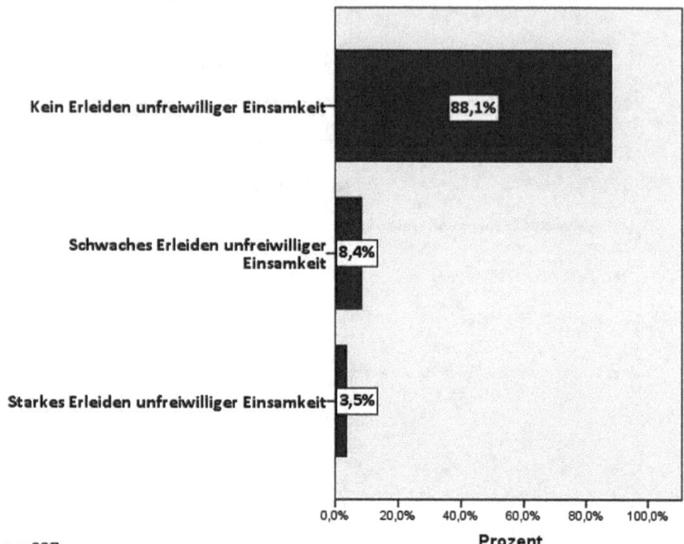

n = 227

5.2 Unfreiwillige Einsamkeit vor den, während der und nach der Lockerung der KB nach Geschlecht

Wie bei den ALLBUS-Daten von 2018 zeigt sich auch im Datensatz von Ko-Kon, dass vor den KB eher Männer unter unfreiwilliger Einsamkeit gelitten haben (vgl. Abbildung 10).

Abbildung 10: Unfreiwillige Einsamkeit vor den KB nach Geschlecht

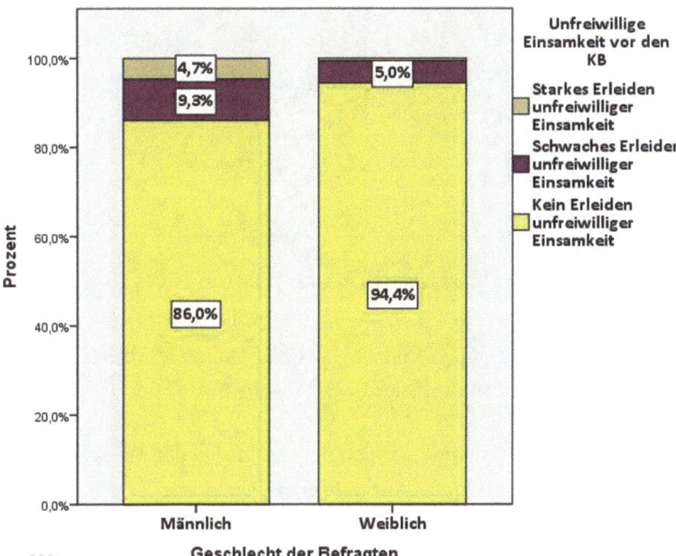

n = 222

Für die Zeit während der KB ist eine Veränderung feststellbar. Mit 72,9 % haben mehr Männer angegeben, nicht unter unfreiwilliger Einsamkeit zu leiden als Frauen mit 71,9 %. Mit 28,1 % litten mehr Frauen während der KB schwach unter unfreiwilliger Einsamkeit als Männer mit 27,1 % (vgl. Abbildung 11).

Abbildung 11: Unfreiwillige Einsamkeit während der KB nach Geschlecht

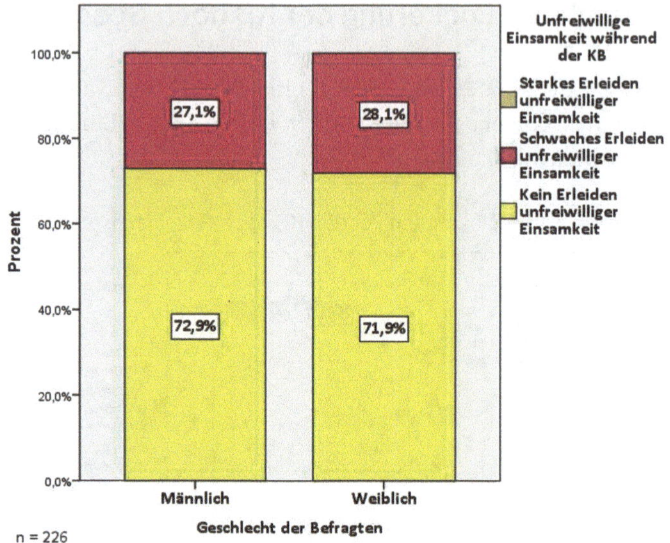

n = 226

Nach der Lockerung der KB waren es wieder mehr männliche Befragte, die unter unfreiwilliger Einsamkeit litten (vgl. Abbildung 12).

Abbildung 12: Unfreiwillige Einsamkeit nach der Lockerung der KB nach Geschlecht

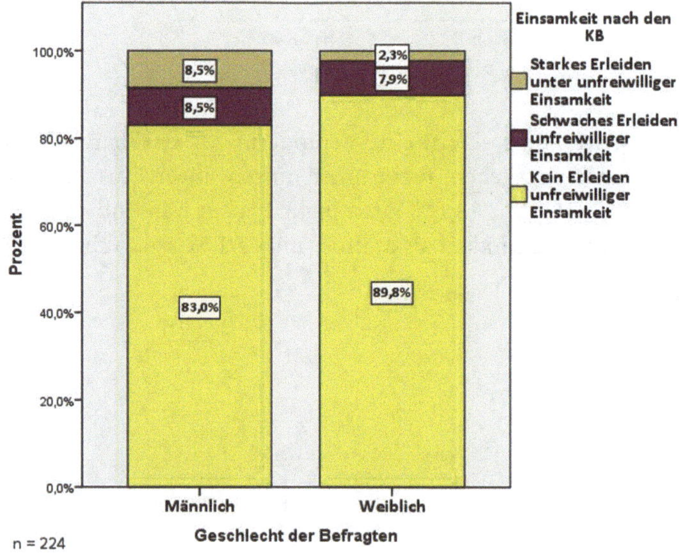

n = 224

5.3 Unfreiwillige Einsamkeit vor den, während der und nach der Lockerung der KB nach Alter

Das „Alters-U" lässt sich für die Zeit vor den KB in der Stichprobe von KoKon nicht beobachten. Stattdessen bildet sich, wie im ALLBUS Datensatz für 2018, ein „Alters-W" ab (vgl. Abbildung 13). Mit 14,3 % litten Befragte, die zwischen 18 und 27 Jahre alt waren, sowie Befragte, die 68 und 77 Jahre alt waren am häufigsten schwach unter unfreiwilliger Einsamkeit. Am stärksten waren vor den KB jedoch Befragte zwischen dem 38. und dem 47. Lebensjahr von unfreiwilliger Einsamkeit betroffen. In dieser Altersgruppe litten 87,2 % der Befragten nicht, 7,7 % der Befragten schwach und 5,1 % der Befragten stark unter unfreiwilliger Einsamkeit.

Abbildung 13: Unfreiwillige Einsamkeit vor den KB nach Alter

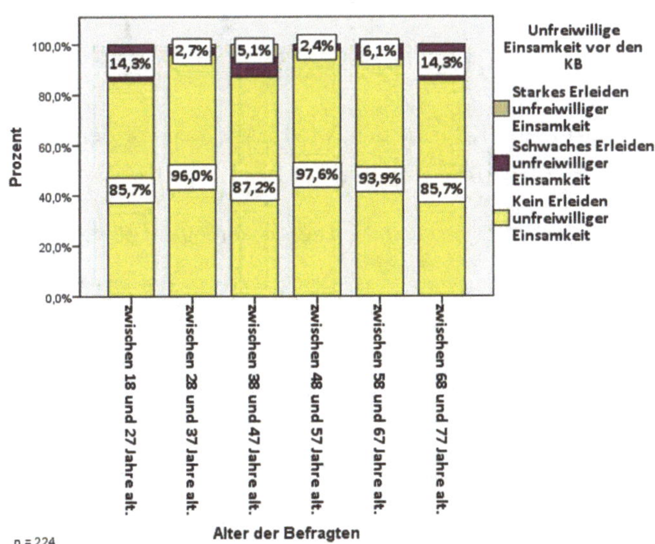

Für die Zeit während der KB bildet sich das „Alters-U" ab (vgl. Abbildung 14). Mit 35,7 % litten am häufigsten Personen zwischen dem 18. und dem 28. Lebensjahr schwach unter unfreiwilliger Einsamkeit. Personen zwischen dem 28. und dem 37. Lebensjahr sowie zwischen dem 68. und dem 77. Lebensjahr haben mit jeweils 33,3 % am zweithäufigsten angegeben, schwach unter unfreiwilliger Einsamkeit zu leiden.

Abbildung 14: Unfreiwillige Einsamkeit während der KB nach Alter

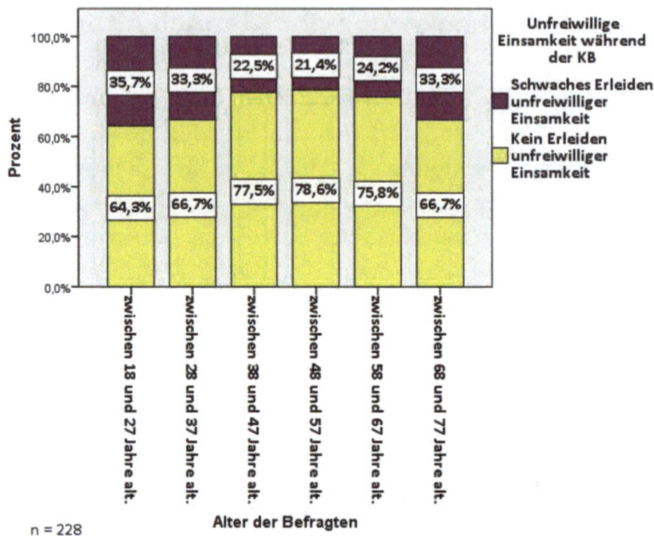

Nach der Lockerung der KB lässt sich, wie für die Zeit vor den KB, wieder das „Alters-W“ beobachten (vgl. Abbildung 15).

Abbildung 15: Unfreiwillige Einsamkeit nach der Lockerung der KB nach Alter

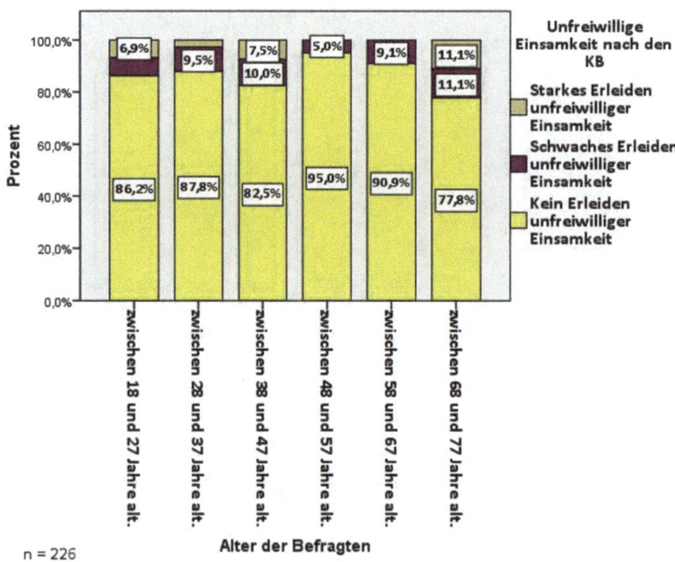

Mit 11,1 % litten am häufigsten Befragte, die zwischen 68 und 77 Jahre alt gewesen sind, stark unter unfreiwilliger Einsamkeit, gefolgt von Befragten, die zwischen 38 und 47 Jahre alt gewesen sind (7,5 %) und Befragten, die zwischen 18 und 27 Jahre alt gewesen sind (6,9 %).

5.4 Unfreiwillige Einsamkeit vor den, während der und nach der Lockerung der KB nach Wohnort

Wie in den ALLBUS-Daten von 2018 haben auch im Rahmen von KoKon 95,7 % der Befragten, die in einer dörflichen Siedlung lebten, vor den KB am häufigsten angegeben, nicht unter unfreiwilliger Einsamkeit zu leiden (vgl. Abbildung 16).

Abbildung 16: Unfreiwillige Einsamkeit vor den KB nach Wohnort

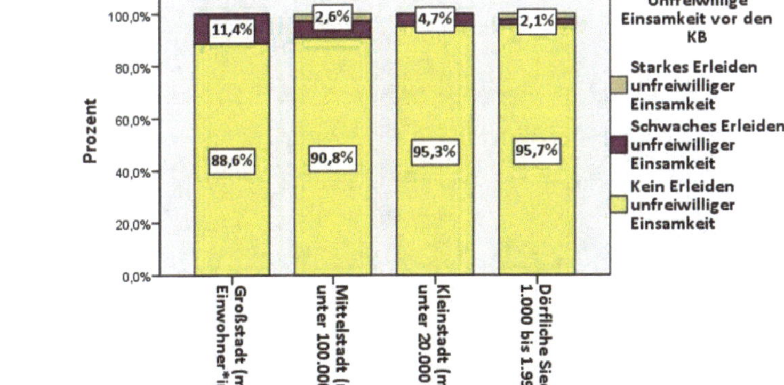

Dieses Verhältnis änderte sich in der Zeit während der KB (vgl. Abbildung 17). Mit 26,5 % litten Befragte, die angegeben haben, in einer dörflichen Siedlung zu leben, am dritthäufigsten schwach unter unfreiwilliger Einsamkeit. Nach der Lockerung der KB litten Befragte, die angegeben haben, in einer Mittelstadt zu leben, mit 6,6 % am stärksten unter unfreiwilliger Einsamkeit (vgl. Abbildung 18).

Abbildung 17: Unfreiwillige Einsamkeit während der KB nach Wohnort

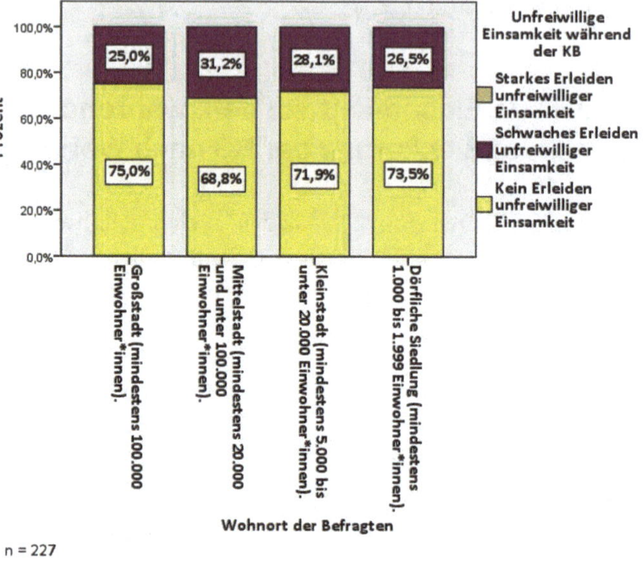

n = 227

Abbildung 18: Unfreiwillige Einsamkeit nach der Lockerung der KB nach Wohnort

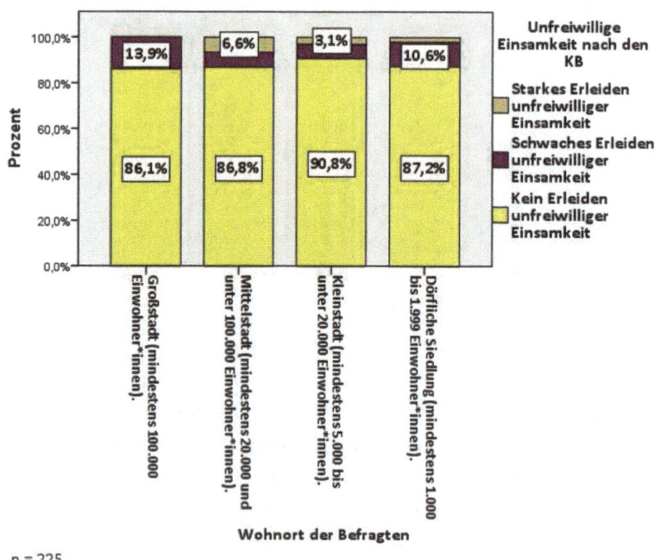

n = 225

5.5 Korrelationsanalytische Ergebnisse

Um etwaige Korrelationen zwischen der unabhängigen (UV) und der abhängigen Variablen (AV) der Hypothesen zu prüfen und um zu untersuchen, ob

Korrelationen zwischen der unabhängigen und der abhängigen Variablen im Hinblick auf die jeweilige Kontrollvariable in unterschiedlichem Maße bestehen, wurden Chi-Quadrat-Tests (Chi²-Test) durchgeführt. Mit diesem Verfahren lässt sich prüfen, ob es einen statistischen Zusammenhang zwischen zwei Variablen gibt und ob es sich um einen signifikanten Zusammenhang handelt.

In den Sozialwissenschaften gilt, dass ein signifikanter Zusammenhang angenommen werden kann, wenn das Signifikanzniveau unter 0,05 liegt, sodass die Irrtumswahrscheinlichkeit maximal 5 % beträgt (vgl. Brosius 2011, S. 424). Ein hohes Signifikanzniveau von 0,000–0,001 wurde mit ***, ein mittleres Signifikanzniveau von 0,002–0,019 mit ** und ein niedriges Signifikanzniveau von 0,020–0,050 mit * in Tabelle 4 gekennzeichnet.

Zur Bestimmung des Zusammenhangs zwischen nominal- und ordinalskalierten Variablen wurde das Zusammenhangsmaß Cramer's V angewendet. Der Korrelationskoeffizient Kendall-Tau-b fand für die Bestimmung der Korrelationsstärke zwischen ordinalskalierten Variablen Anwendung.

In Tabelle 4 sind nur signifikante Ergebnisse angegeben, für welche die Voraussetzung für Chi²-Tests, dass die erwartete Häufigkeit in jeder Zelle der Kreuztabellen mindestens fünf beträgt, gegeben ist.

Tabelle 4: Korrelationsanalytische Ergebnisse

Hypothese	Zeitliche Perspektive	Kontrollvariable	Signifikanzniveau	Stärke der Korrelation
1	a) Vor den KB (n = 223)	Jung[7]	**0,028***	Kendall-Tau-b: -0,135
		Mittelalt	**0,000*****	Kendall-Tau-b: -0,455
		Alt	**0,000*****	Kendall-Tau-b: -0,562
	b) Während der KB (n = 227)	Jung	**0,000*****	Kendall-Tau-b: -0,370
		Mittelalt	**0,000*****	Kendall-Tau-b: -0,410
		Alt	**0,050***	Kendall-Tau-b: -0,303
	c) Nach der Lockerung der KB (n = 220)	Jung	**0,011****	Kendall-Tau-b: -0,267
		Mittelalt	**0,000*****	Kendall-Tau-b: -0,502
		Alt	**0,024***	Kendall-Tau-b: -0,388

7 Die Altersangaben der Befragten (vgl. Tabelle 3) wurden zu folgenden Alterskategorien zusammengefasst: 1. Jung („Ich bin zwischen 18 und 27 Jahre alt", „Ich bin zwischen 28 und 37 Jahre alt"); 2. Mittelalt („Ich bin zwischen 38 und 47 Jahre alt", „Ich bin zwischen 48 und 57 Jahre alt"); 3. Alt („Ich bin zwischen 58 und 67 Jahre alt", „Ich bin zwischen 68 und 77 Jahre alt"). Die Altersklassen 78 bis 87 Jahre sowie 88 Jahre und älter wurden nicht einbezogen, da diese sehr gering besetzt gewesen sind, was möglicherweise auf die Nutzung von „Facebook" zur Verbreitung des Onlinefragebogens zurückzuführen ist.

Hypothese	Zeitliche Perspektive	Kontrollvariable	Signifikanzniveau	Stärke der Korrelation
3	a) Vor den KB (n = 131)	Männlich	0,096	Cramer's V: 0.395
		Weiblich	0,712	Cramer's V: 0,037
	b) Während der KB (n = 134)	Männlich	0,176	Cramer's V: 0,232
		Weiblich	0,634	Cramer's V: 0,048
	c) Nach der Lockerung der KB (n = 134)	Männlich	**0,002****	Cramer's V: 0,616
		Weiblich	**0,021***	Cramer's V: 0,279
4	a) Vor den KB (n = 221)	Jung	0,071	Kendall-Tau-b: -0,103
		Mittelalt	**0,013****	Kendall-Tau-b: -0,257
		Alt	**0,000*****	Kendall-Tau-b: -0,219
	b) Nach der Lockerung der KB (n = 225)	Jung	**0,001*****	Kendall-Tau-b: -0,140
		Mittelalt	**0,001*****	Kendall-Tau-b: -0,351
		Alt	**0,000*****	Kendall-Tau-b: -0,277
5	a) Vor den KB (n = 220)	Männlich	0,225	Cramer's V: 0,266
		Weiblich	**0,039***	Cramer's V: 0,191
	b) Während der KB (n = 224)	Männlich	0,143	Cramer's V: 0,214
		Weiblich	**0,000*****	Cramer's V: 0,272
6	b) Während der KB (n = 81)	Männlich	0,753	Cramer's V: 0,091
		Weiblich	**0.044***	Cramer's V: 0,242
7	a) Vor den KB (n = 222)	Jung	0,760	Kendall-Tau-b: 0,073
		Mittelalt	0,559	Kendall-Tau-b: 0,120
		Alt	**0,020***	Kendall-Tau-b: -0,368
	b) Während der KB (n = 226)	Jung	**0,001*****	Kendall-Tau-b: -0,326
		Mittelalt	0,145	Kendall-Tau-b: -0,162
		Alt	0,372	Kendall-Tau-b: -0,015
8	b) Während der KB (n = 226)	Jung	**0,000*****	Kendall-Tau-b: -0,380
		Mittelalt	**0,000*****	Kendall-Tau-b: -0,451
		Alt	0,372	Kendall-Tau-b: -0,138
13	a) Vor den KB (n = 219)	Jung	**0,000*****	Kendall-Tau-b: -0,024
		Mittelalt	0,372	Kendall-Tau-b: -0,068
		Alt	0,473	Kendall-Tau-b: -0,150
14	b) Während der KB (n = 224)	Jung	**0,004****	Kendall-Tau-b: 0,310
		Mittelalt	0,074	Kendall-Tau-b: 0,200
		Alt	0,499	Kendall-Tau-b: 0,224
16.1	a) Vor den KB (n = 218)	Kleiner Freundeskreis	0,093	Cramer's V: 0,161
		Großer Freundeskreis	**0,048***	Cramer's V: 0,325

Hypothese	Zeitliche Perspektive	Kontrollvariable	Signifikanzniveau	Stärke der Korrelation
16.2	b) Nach der Lockerung der KB (n = 222)	Kleiner Freundeskreis	**0,015****	Cramer's V: 0,212
		Großer Freundeskreis	0,312	Cramer's V: 0,251
17	a) Vor den KB (n = 221)	Jung	**0,025***	Cramer's V: 0,267
		Mittelalt	0,999	Cramer's V: 0,004
		Alt	0,643	Cramer's V: 0,074
	b) Während der KB (n = 225)	Jung	0,997	Cramer's V: 0,000
		Mittelalt	0,953	Cramer's V:0,007
		Alt	0,524	Cramer's V: 0,100
	c) Nach der Lockerung der KB (n = 223)	Jung	0,159	Cramer's V: 0,189
		Mittelalt	0,059	Cramer's V: 0,268
		Alt	0,540	Cramer's V: 0,173
20.1	a) Vor den KB (n = 223)	Jung	0,124	Cramer's V: 0,201
		Mittelalt	0,213	Cramer's V: 0,197
		Alt	0,496	Cramer's V: 0,198
	b) Während der KB (n = 227)	Jung	0,712	Cramer's V: 0,036
		Mittelalt	0,062	Cramer's V: 0,206
		Alt	**0,004****	Cramer's V: 0,450
	c) Nach der Lockerung der KB (n = 225)	Jung	0,606	Cramer's V: 0,099
		Mittelalt	**0,036***	Cramer's V: 0,288
		Alt	0,660	Cramer's V: 0,141
20.2	a) Vor den KB (n = 223)	Jung	0,678	Cramer's V: 0,087
		Mittelalt	**0,032***	Cramer's V: 0,293
		Alt	0,773	Cramer's V: 0,046
	b) Während der KB (n = 227)	Jung	0,436	Cramer's V: 0,077
		Mittelalt	0,745	Cramer's V: 0,036
		Alt	0,547	Cramer's V: 0,093

5.6 Auswertung der Kommentare der Befragten

In diesem Abschnitt werden Kommentare der Befragten dargestellt, die mit statistisch signifikanten Korrelationen korrespondieren.

Aus der einleitend vorgestellten Forschungsfrage von KoKon wurden für die Kommentarauswertung vier Teilfragen abgeleitet:

1. Mit welchen Mechanismen haben die Befragten ihr Einsamkeitserleben bewusst und unbewusst reguliert?
2. Haben die Kontaktbeschränkungen zu veränderten Regulationsmechanismen geführt?
3. Welche Mikro-, Meso- und Makroregulatoren korrespondieren mit bewussten und unbewussten Regulationsmechanismen?
4. Welche Mikro-, Meso- und Makroregulatoren sind individuell beeinflussbar und welche nicht?

Die Auswertung der Kommentare erfolgte mit der zusammenfassenden Inhaltsanalyse nach Mayring (2010). Das Material wurde so reduziert, dass die wesentlichen Informationen, die mit den Teilfragen korrespondieren, erhalten bleiben. Nachfolgend wird dargestellt, welche Kommentare zusammengefasst wurden. Die einsamkeitsbezogenen Regulationen, die aus den Kommentaren hervorgehen, wurden induktiv gebildeten Kategorien zugeordnet. Im 6. Kapitel werden diese Kategorien als Einsamkeitsregulatoren interpretiert.

5.6.1 Lebenszufriedenheit und Einsamkeit

Sowohl vor den, während der und nach der Lockerung der KB korreliert die UV „Lebenszufriedenheit" mit der AV „Einsamkeit". Bei jungen Befragten korreliert die UV „Lebenszufriedenheit" vor den KB sehr schwach auf einem niedrigen ($\chi 2$ [2, n = 103] = 7,13, p = .028, τb = -0.135), während der KB sehr schwach auf einem hohen ($\chi 2$ [1, n = 103] = 14,07, p < .001, τb = -0.370) und nach der Lockerung der KB schwach auf einem mittleren ($\chi 2$ [2, n = 99] = 9,01, p = .011, τb = -0.367) Signifikanzniveau.

Bei Personen mittleren Alters korreliert die UV „Lebenszufriedenheit" mit der AV „Einsamkeit" vor den KB mittelstark ($\chi 2$ [2, n = 80] = 16,88, p < .001, τb = -0.455), während der KB mittelstark ($\chi 2$ [1, n = 82] = 13,80, p < .001, τb = -0.455) und nach der Lockerung der KB mittelstark ($\chi 2$ [2, n = 79] = 20,48, p < .001, τb = -0.502) jeweils auf einem hohen Signifikanzniveau.

Die UV „Lebenszufriedenheit" korreliert mit der AV „Einsamkeit" bei alten Befragten vor den KB mittelstark auf einem hohen ($\chi 2$ [1, n = 40] = 12,65, p <

.001, τb = -0.562), während der KB schwach auf einem niedrigen ($\chi 2$ [1, n = 42] = 3,84, p = .050, τb = -0.303) und nach der Lockerung der KB ($\chi 2$ [2, n = 42] = 7,47, p .024, τb = -0.388) schwach auf einem niedrigen Signifikanzniveau.

Die Hypothesen 1 a), 1 b) und 1 c) können bestätigt werden, es bestehen negative Korrelationen. Personen, die vor den, während der und nach der Lockerung der KB mit ihrem Leben zufrieden gewesen sind, litten geringer unter unfreiwilliger Einsamkeit als lebensunzufriedene Personen. Dies traf am stärksten für Personen mittleren Alters vor den KB und am schwächsten für junge Personen vor den KB zu.

Lebens(un)zufriedenheit und unfreiwillige Einsamkeit vor den KB

Die Lebenszufriedenheit junger und mittelalter Befragter, die vor den KB nicht unter unfreiwilliger Einsamkeit litten, speiste sich aus sinnvoll erlebten sozialen Kontakten und intim-erotischen Beziehungen. Dies zeigte sich am häufigsten in Kommentaren, wie „*Funktionierende Ehe und tolle Kinder*", „*Regelmäßige Konzertbesuche mit meinen Freunden waren mein Ausgleich zur Arbeit, der mich zufrieden macht*" oder „*Reges Vereinsleben*". Vor den KB war ein strukturierter Arbeitsalltag, verbunden mit der Möglichkeit, viel unterwegs zu sein, der zweithäufigste genannte Zufriedenheitsfaktor für junge Menschen, der dazu geführt hat, dass sie nicht unter unfreiwilliger Einsamkeit litten. Es zeigte sich auch, dass junge Befragte, die vor den KB nicht unfreiwillig einsam waren, Unzufriedenheit in privaten Kontakten durch ein erfüllendes Studium bzw. durch erfüllende berufliche Tätigkeiten ausgleichen konnten („*Unzufrieden mit meinem aktuellen Privatleben, sehr zufrieden mit meinem Studium und beruflichen Perspektiven/Zukunftsplanung*").

Junge Befragte und mittelalte Befragte, die vor den KB stark oder schwach unter unfreiwilliger Einsamkeit litten, waren mit ihrem Leben am häufigsten unzufrieden, weil sie ihre Work-Life-Balance als nicht ausgeglichen wahrgenommen haben („*Stress, kaum Zeit für mich, um zu entspannen*"), am zweithäufigsten, weil sie beruflich unzufrieden waren und am dritthäufigsten aufgrund von Geldsorgen oder weil sie in Beziehungsumbrüchen steckten („*Umstellung wieder alleine zu leben, Terror vom Ex-Partner*").

Die Lebenszufriedenheit alter Befragter, die nicht unter unfreiwilliger Einsamkeit litten, speiste sich vor den KB am häufigsten aus sinnvoll erlebten Ehebeziehungen, am zweithäufigsten aus dem Wissen, die eigenen Kinder in der „*eigenen Nähe*" zu haben und am dritthäufigsten aus dem Gefühl, „*gern allein*" zu sein. Alte Befragte, die unfreiwillig einsam und mit ihrem Leben unzufrieden gewesen sind, litten unter gesundheitlichen Beeinträchtigungen aufgrund eines harten Arbeitslebens („*Wurde im Berufsleben kaputt gespielt. Immer mehr, immer schneller für immer weniger Lohn. Der Preis war meine Gesundheit*").

Abbildung 19: Lebenszufriedenheit vor den KB

Lebens(un)zufriedenheit und unfreiwillige Einsamkeit während der KB

Die Lebenszufriedenheit junger und mittelalter Personen, die während der KB nicht unter unfreiwilliger Einsamkeit litten, speiste sich am häufigsten aus Entschleunigungserfahrungen: „*Entschleunigung hat mir in meiner Zufriedenheit geholfen; Abstand zur Arbeit hat gut getan*". Entschleunigungserlebnisse waren mit der Wahrnehmung verbunden, soziale Kontakte im Alltag eigenbestimmter gestalten zu können, wodurch unfreiwillige Einsamkeit vermieden oder reduziert werden konnte. Am zweithäufigsten fand sich der Hinweis, dass es wichtigen Menschen gut ging und alternative Kontaktpflegeoptionen genutzt werden konnten („*Den Menschen, die mir wichtig waren, ging es gut und ich hielt via Videocall oder Telefon Kontakt*"). Am dritthäufigsten begründeten junge und mittelalte Personen, die keine unfreiwillige Einsamkeit erlitten, ihre Lebenszufriedenheit damit, während der KB familiäre Kontakte intensiver gepflegt zu haben („*Mehr Kontakt zur Familie, mehr Zeit für den Partner*"). An vierter Stelle fanden sich Hinweise auf monetäre Gründe für die Lebenszufriedenheit („*Trotz kleiner Einbußen konnte ich gut Leben und hab in der Zeit viel Geld gespart, weil ja fast alle Geschäfte zu hatten bzw. was Klamotten angeht*").

Zeitliche Entschleunigung führte bei jungen und mittelalten Personen, die schwach unter unfreiwilliger Einsamkeit litten, zum Gefühl, die berufliche Alltagsstruktur und damit einhergehend, sinnvoll erlebte berufliche Kontakte zu verlieren, was zu einer Lebensunzufriedenheit führte. Aus dem Verlust dieser Alltagsstruktur speiste sich die Wahrnehmung, in ein Ungleichgewicht geraten zu sein („*Hatte ein Gefühl, nicht im Gleichgewicht zu sein*"). Insbesondere Eltern spezifizierten dieses Gefühl der Unausgeglichenheit mit neuen Stressaspekten: „*Nichts war wie vorher, ich musste Homeoffice mit Homeschooling in Einklang bringen und hatte mehr Stress wie vorher*". Ein weiterer Stressaspekt waren finanzielle Ängste aufgrund reduzierter finanzieller Einkünfte, etwa wegen Kurzarbeit. Als zweithäufigste offene Angabe zur Begründung der Lebensunzufriedenheit während der KB fand sich der Hinweis auf das Gefühl, „*eingesperrt*" und „*ausgeliefert*" zu sein. Der dritthäufigste Aspekt, der mit unfreiwilligem Einsamkeitserleben korrespondierte, war reduzierter intimer („*Mir fehlte mein Sexpartner*"), körperlicher („*fehlende Umarmung*") und Face-to-Face-Kontakt. An vierter Stelle finden sich Angaben, wonach die nicht mehr mögliche Realisierung von Entscheidungen, die vor den KB getroffen wurden, zu Lebensunzufriedenheit aufgrund eines Gefühl des Freiheitsverlustes und damit einhergehend zu unfreiwilliger Einsamkeit führte („*Ich war in meiner Freiheit beschränkt. Arbeiten war voll angesagt, aber Erholungs- oder Abwechslungsmöglichkeiten gab es nicht, weil sie staatlicherseits verboten waren. Zwei lange geplante Urlaube konnten wir nicht antreten*"). Derlei Angaben mischten sich mit Unzufriedenheitsbekundungen, im Arbeitsleben Kontakte haben zu dürfen, nicht aber im privaten Bereich („*Konnte die ganze Zeit arbeiten und sollte vormittags mit Kollegen arbeiten, aber nach der Arbeit keinen weiter treffen oder besuchen ... Sprich, auf Arbeit sich auf die Pelle rücken und nachmittags zuhause bleiben ... Hab ich nicht gemacht, hab mich verarscht gefühlt*").

Durch die KB erzwungenes „Alleinsein" machte junge und mittelalte Personen lebensunzufrieden und führte zu unfreiwilliger Einsamkeit („*Ich hasse es, alleine zu sein*"). Alleinlebende junge und mittelalte Personen, denen das Alleinsein zu schaffen machte, vermissten die Möglichkeit, gewohnten Hobbies nachzugehen.

Im Kontrast dazu stehen alleinlebende junge und mittelalte Personen, die ihre Gewohnheiten der neuen Situation anpassten („*Ich vermisse es bis jetzt, in Restaurants und Kneipen zu gehen. Ich habe für mich aber Alternativen gefunden. Außerdem habe ich viel gelesen und eine neue Sprache gelernt. Ja, und ich gebe es zu – ich habe ein paar Serien gesehen, wozu ich sonst nie gekommen wäre. Ich habe mich nicht isoliert gefühlt*"). Alte Personen, die nicht unfreiwillig einsam waren, begründeten ihre Lebenszufriedenheit am häufigsten mit dem positiven Gesundheitsstatus ihrer Kinder, Enkelkinder und Freunde. Alte Befragte, die schwach unter unfreiwilliger Einsamkeit litten, waren mit ihrem Leben während der KB am häufigsten unzufrieden, weil sie aufgrund der Befürchtung sich anzustecken den Kontakt zu Familienmitgliedern mieden. Am zweithäufigsten fand sich der Hinweis auf gesundheitliche Begleiterscheinungen des Mund-Nasen-Schutzes: „*Fühle mich eingeengt, kann nicht mehr einkaufen gehen, Maske lässt meinen Blutdruck steigen, bekomme Kopfschmerzen*".

Abbildung 20: Lebenszufriedenheit während der KB

Lebens(un)zufriedenheit und unfreiwillige Einsamkeit nach der Lockerung der KB

Junge und mittelalte Befragte, die nach der Lockerung der KB nicht unter unfreiwilliger Einsamkeit litten, waren am häufigsten mit ihrem Leben zufrieden, weil Face-to-Face-Kontakte wieder möglich wurden („*Ich kann mich wieder mehr mit sozialen Kontakten treffen, was die Einsamkeit geringer macht*"). Aus dem Gefühl „*wieder mehr Freiheiten*" zu haben, speiste sich am zweithäufigsten die Lebenszufriedenheit von jungen und mittelalten Personen, die nach der Lockerung der KB nicht unfreiwillig einsam waren. Junge und mittelalte Personen, die nach der Lockerung der KB stark unter unfreiwilliger Einsamkeit litten, waren mit ihrem Leben unzufrieden, weil sie depressive Symptome entwickelten und keine zeitnahe Hilfe in Anspruch genommen werden konnte („*Meine Psyche hat unter den Beschränkungen sehr gelitten und einen Therapieplatz zu finden ist momentan unmöglich*"). Junge und mittelalte Befragte, die nach der Lockerung der KB schwach unter unfreiwilliger Einsamkeit litten, waren mit ihrem Leben unzufrieden, weil zwar einige, aber nicht alle KB gelockert wurden („*Reiseoptionen oder mit Reisen verbundenen Beschränkungen sind unmöglich*"). Auch die mit den Lockerungen der KB einhergehenden Verhaltensweisen der Mitmenschen führten zu selbstauferlegten KB, die die Lebenszufriedenheit einschränkten („*Die Lockerungen waren zu schnell, die Menschen dadurch zu unvorsichtig. Mich stören die anderen da draußen, die sind für uns ein Risiko*").

Alte Personen, die nach der Lockerung der KB nicht unter unfreiwilliger Einsamkeit litten, sind am häufigsten mit ihrem Leben zufrieden gewesen, weil sie gewohnten Aktivitäten wieder nachgehen konnten („*Ich kann so langsam mein Ehrenamt wieder ausüben*"). Am zweithäufigsten fanden sich Kommentare, aus denen die Zufriedenheit hervorgeht, (Enkel-)Kinder wieder persönlich treffen zu können. Die nicht komplette Aufhebung der KB führt bei alten Befragten, die unter unfreiwilliger Einsamkeit litten zu Unzufriedenheit mit dem Leben („*Welche Lockerungen? Empfinde keine Lockerungen. Solange Maskenpflicht besteht, ziehe ich mich immer mehr aus dem täglichen Leben zurück*").

Abbildung 21: Lebenszufriedenheit nach der Lockerung der KB

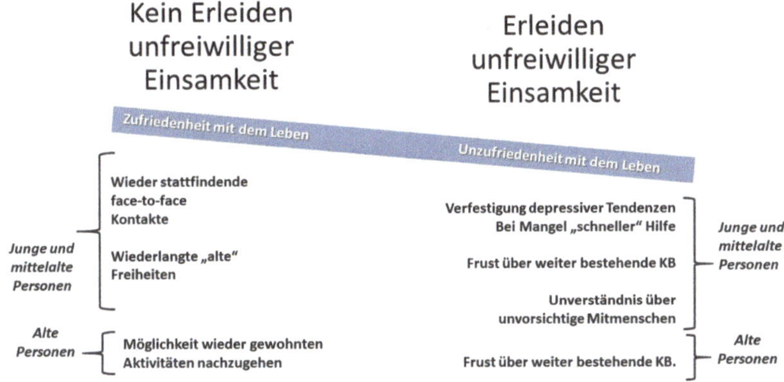

5.6.2 Aufgeschlossenheit und Einsamkeit

Die UV „Aufgeschlossenheit" korreliert für die Zeit nach der Lockerung der KB bei Frauen schwach auf einem niedrigen Signifikanzniveau ($\chi 2$ [2, n = 100] = 7,76, p = .021, V = 0.279) und bei Männern stark auf einem mittleren Signifikanzniveau ($\chi 2$ [2, n = 34] = 12,90 p = .002, V = 0.616) mit der AV „Einsamkeit". Hypothese 3 c) kann bestätigt werden. Die kreuztabellarischen Ergebnisse zeigen: Nach der Lockerung der KB litten aufgeschlossene Frauen und Männer geringer unter unfreiwilliger Einsamkeit als Frauen und Männer, die nicht aufgeschlossen gewesen sind. Männliche Befragte wiesen in ihren Kommentaren zum Alleinsein nach der Lockerung der KB am häufigsten auf psychische Beeinträchtigungen hin („*Durch meine Depressionen gehe ich allen und allem aus dem Weg*"). Weibliche Befragte thematisierten Lebensumstände, die es ihnen erschwerten, zurückhaltendes Kontaktverhalten zu überwinden („*da die Gesamtsituation anstrengend ist, Job/Alltag usw., habe ich auch kaum Möglichkeiten, meine Schüchternheit zu überwinden*").

5.6.3 Emotionale Stabilität und Einsamkeit

Die UV „emotionale Stabilität" korreliert mit der AV „Einsamkeit" für die Zeit vor den KB bei mittelalten Personen schwach auf einem mittleren ($\chi 2$ [6, n =

79] = 16,06, $p = .013$, $\tau b = -0.257$) und bei alten Personen schwach auf einem hohen ($\chi 2$ [6, n = 40] = 26,49, $p < .001$, $\tau b = -0.219$) Signifikanzniveau. Während der KB korrelieren die beiden Variablen in keiner der drei Zeitperspektiven. Für die Zeit nach der Lockerung der KB finden sich in allen Altersgruppen schwache Korrelationen auf hohem Signifikanzniveau:

- Junge Befragte: $\chi 2$ [6, n = 102] = 21,79, $p = .001$, $\tau b = -0.140$,
- Mittealte Befragte: $\chi 2$ [6, n = 79] = 23,26, $p = .001$, $\tau b = -0.351$,
- Alte Befragte: $\chi 2$ [6, n = 42] = 25,70, $p < .001$, $\tau b = -0.277$.

Hypothese 4 a) kann für mittelalte und alte Personen und Hypothese 4 c) kann für alle drei Altersgruppen bestätigt werden. Es bestehen negative Korrelationen. Je emotional belastbarer mittelalte sowie alte Person vor den KB und junge, mittelalte und alte Personen nach der Lockerung der KB gewesen sind, desto geringer litten sie vor den und nach der Lockerung der KB unter unfreiwilliger Einsamkeit.

Mittelalte Befragte, die vor den KB gering emotional belastbar gewesen sind, führten zu ihrem unfreiwilligen Einsamkeitserleben am häufigsten aus, dass es sie in Stress versetzt habe, Einsamkeit und Langeweile allein aushalten zu müssen.

Am zweithäufigsten wurde das negative Erleben von Alleinsein mit diffusen Gefühlslagen, wie *„es machte mich manchmal traurig und ich suchte nach Gründen, warum es so war"* kommentiert. Aus allen Kommentaren mittelalter und emotional eher stabiler Befragter geht hervor, dass sie ihr unfreiwilliges Einsamkeitserleben vor den KB positiv regulieren konnten, wenn sie dazu in der Lage waren, dem Alleinsein etwas Positives abzugewinnen (*„Manchmal fühlte ich Einsamkeit, war aber oft auch Dankbar allein zu sein"*). Alte und emotional eher stabile Befragte kommentierten ihre Angaben zum Alleinsein vor den KB nicht. Emotional eher weniger stabile alte Befragte haben ihr Einsamkeitserleben am häufigsten damit begründet, das Gefühl zu haben, sich anderen Personen aufzudrängen. Diese Interaktionswahrnehmung ist möglicherweise von den in Kapitel 2 beschriebenen kognitiven Verzerrungen beeinflusst.

In den Kommentaren gering emotional belastbarer junger und mittelalter Befragter zu ihren Antworten auf die Frage zum Alleinsein nach der Lockerung der KB fanden sich am häufigsten Hinweise auf psychische Belastungen, durch die ihr Einsamkeitserleben negativ reguliert wurde (*„Einsamkeit und Depression vertragen sich nun mal nicht"*). Am zweithäufigsten ging aus den Angaben hervor, dass unfreiwillige Einsamkeit psychische Belastungen hervorrief (*„Ich kann immer noch sehr schlecht allein sein, bin dabei dann sehr antriebslos"*). Junge und mittelalte Befragte, die emotional belastbar gewesen sind und nach der Lockerung der KB nicht unter unfreiwilliger Einsamkeit litten, schienen zwar einen ausgeglichenen Umgang mit dem Alleinsein gefunden zu haben, fühlten sich von den teilweise noch bestehenden KB jedoch auch eingeschränkt („*Momentan genieße ich es, ab und zu alleine zu sein, aber oft brauche ich die Ablenkung*"). Dies zeigte sich ebenfalls in vielen Angaben, aus denen hervorging, dass den Befragten das kulturelle Leben auch nach der Lockerung der KB fehlen würde.

Alte Personen, die emotional gering belastbar gewesen sind und nach der Lockerung der KB schwach oder stark unter unfreiwilliger Einsamkeit litten, kommentierten ihre Antworten auf die Frage nach dem Alleinsein nach der Lockerung der KB nur selten. Die wenigen Angaben ähnelten sich. Es wurde Leid ausgedrückt, ohne Gründe für das Leid anzuführen („*Einsamkeit schmerzt*"). In den Kommentaren emotional belastbarer alter Befragter, die nach der Lockerung der KB nicht unter unfreiwilliger Einsamkeit litten, fanden sich häufig spirituelle Begründungen („*leide nicht, Gott ist bei mir*").

5.6.4 Romantische Partnerschaft und Einsamkeit

Die UV „romantische Partnerschaft" korreliert bei weiblichen Befragten für die Zeit vor den KB sehr schwach auf einem niedrigen ($\chi2$ [2, n = 178] = 6,51, p = .039, V = 0.191) und während der KB sehr schwach auf einem hohen Signifikanzniveau ($\chi2$ [1, n = 177] = 7,76, p < .001, V = -0.272) mit der AV „Einsamkeit". Die Hypothesen 5 a) und 5 b) können für weibliche Befragte vor der und nach der Lockerung der KB bestätigt werden. Frauen, die vor den KB und nach der Lockerung der KB in einer romantischen Partnerschaft lebten, litten geringer unter unfreiwilliger Einsamkeit als Frauen, die vor den KB und nach der Lockerung der KB nicht in einer romantischen Partnerschaft lebten. Das Zusammenhangsmaß Cramer's V lässt zwar keine Aussage über die Zusammenhangsrichtung zu, die kreuztabellarischen Ergebnisse deuten jedoch darauf hin, dass unfreiwilliges Einsamkeitserleben durch romantische Partnerschaften vermieden oder positiv reguliert wird.

In den Kommentaren zur Antwort auf die Frage nach dem Alleinsein vor den KB fanden sich keine Hinweise zur Rolle romantischer Beziehungen bei Frauen, die unfreiwillige Einsamkeit erlebten. Dies änderte sich für die Zeit während der KB.

Aus den Kommentaren weiblicher Personen ohne Kinder und Partnerschaft während der KB geht am häufigsten hervor, dass sich ihr unfreiwilliges Einsamkeitserleben aus dem Verlust der einsamkeitsreduzierenden Regulationsoption „*Ablenkungsmöglichkeiten*" speiste, weil „*gemeinsame Unternehmungen*" und „*sportliche Aktivitäten*" mit Freund*innen entfielen. Dadurch wurde das Alleinsein verstärkt als unfreiwilliger Zustand erlebt („*Allein sein war nicht mehr freiwillig gewollt, sondern erzwungen*"), sodass ein ausgeglichener Umgang mit dem Alleinleben gefährdet wurde („*Auch wenn man gut alleine lebt, ist es schön, andere Menschen zu treffen*").

Am zweithäufigsten wurde das Einsamkeitserleben weiblicher Befragten ohne Kinder und ohne Partnerschaft negativ reguliert, wenn

- sie auf instrumentelle Kontakte („*Es fehlte die Hilfe, um zum Beispiel neue Möbel in meine Wohnung zu tragen*") und
- auf kommunikativen Austausch („*Weil ich mit Gedanken und den täglichen Neuigkeiten mehrheitlich alleine war*")

verzichten mussten.

Am dritthäufigsten finden sich in den Kommentaren zum Alleinsein kinderloser Frauen ohne Partnerschaft Hinweise auf eingestellte berufliche Aktivitäten durch die ihr Einsamkeitserleben negativ reguliert wurde („*Ich war lustlos und planlos zuhause, da ich auch nicht arbeiten gehen konnte*"). Die Kommentare von Frauen, die in einer kinderlosen Partnerschaft lebten, deuten darauf hin, dass Einsamkeitserleben negativ reguliert wurde, wenn sinnvolle, die Partnerschaft ergänzende Kontakte fehlten („*Keine Möglichkeit mal raus zu kommen und mit der Freundin ungestört zu reden*").

5.6.5 Erziehungsverhältnis und Einsamkeit

Die UV „Erziehungsverhältnis" korreliert bei weiblichen Befragten während der KB mit der AV „Einsamkeit" sehr schwach auf einem niedrigen Signifikanzniveau ($\chi 2$ [1, n = 177] = 4,05, p = .044, V = 0.242). Die sechste Hypothese kann für die Zeit während der KB bestätigt werden. Kreuztabellarische Ergebnisse zeigen: Weibliche Personen, die alleinerziehend gewesen sind, litten während der KB stärker unter unfreiwilliger Einsamkeit als Frauen, die nicht alleinerziehend gewesen sind.

Personen, die nicht alleinerziehend gewesen sind, kommentierten ihre Antworten auf die Frage nach dem Alleinsein während der KB nicht.

Aus den Kommentaren alleinerziehender Frauen zu ihren Antworten auf das Alleinsein während der KB geht hervor, dass sie es als belastend erlebten, ausschließlich Kontakt mit ihren Kindern gehabt zu haben („*Für mich war es eine Belastung, nur und ausschließlich mit den Kindern zusammen zu sein*"). Hinweise wie „*Den Kindern fehlten ihre Freunde*" und „*Nur Kinder um mich haben, nervte mich. Ich wollte mal andere Themen mit anderen Menschen besprechen. Stattdessen machte ich Homeschooling …*" deuten darauf hin, dass durch die KB, insbesondere für alleinerziehende Frauen, neue Stressfaktoren entstanden sind, durch die ihr Einsamkeitserleben negativ reguliert wurde.

5.6.6 Physische Gesundheit und Einsamkeit

Die UV „physischer Gesundheitszustand“ korreliert vor den KB bei alten Befragten schwach auf einem niedrigen ($\chi2$ [1, n = 40] = 5,43, p = .020, τb = -0.368) und bei jungen Befragten nach der Lockerung der KB schwach auf einem hohen Signifikanzniveau ($\chi2$ [1, n = 103] = 10,96, p = .001, τb = -0.326) mit der AV „Einsamkeit“. Hypothese 7 a) kann für junge und Hypothese 7 b) für alte Befragte bestätigt werden. Es bestehen negative Korrelationen. Je besser alte Befragte vor den KB und junge Befragte nach der Lockerung der KB ihren physischen Gesundheitszustand einschätzten, desto geringer litten sie unter unfreiwilliger Einsamkeit.

Nachdem die Befragten ihren physischen Gesundheitszustand vor den, während der und nach der Lockerung der KB einschätzten, wurden sie gebeten ihre Einschätzungen zu begründen.

Alte Befragte, die vor den KB nicht schwach unter unfreiwilliger Einsamkeit litten und ihren Gesundheitszustand eher gut einschätzten, wiesen am häufigsten auf bewegungsorientierte Aktivitäten mit wichtigen Kontakten hin („*Regelmäßig Kontakt zu Kindern und Enkeln mit vielen gemeinsamen Unternehmungen*“). Am zweithäufigsten fanden sich wohnortbezogene Faktoren („*Da wir auf dem Land leben, hatten wir keine Einschränkungen. Und die Ruhe, saubere Luft usw. tat unserer Gesundheit sehr gut*“).

Alte Befragte, die ihren Gesundheitszustand vor den KB eher schlecht einschätzten und vor den KB schwach unter unfreiwilliger Einsamkeit litten, wiesen auf Erkrankungen hin, die mit einer reduzierten körperlichen Mobilität einhergehen („*Hatte einen Schlaganfall, Hemiparese*“, „*Ich hatte offene Beine, Durchfall, Geschmacksverlust*“).

Am häufigsten gaben junge Befragte, die während der KB nicht unter unfreiwilliger Einsamkeit litten und ihren Gesundheitszustand während der KB eher gut einschätzten, an, durch die Covid-19-Pandemie gesundheitlich nicht eingeschränkt gewesen zu sein: „*Corona hat mich in meiner Gesundheit nicht eingeschränkt*“. Am zweithäufigsten fanden sich Hinweise auf gesundheitsbezogene Bewältigungsstrategien, für die wohnbezogene Voraussetzungen („*Haben viel im Garten und am Haus gemacht. Körperliche Arbeit macht fit*“) oder Verhaltensänderungen („*Ich habe angefangen Sport zu machen und ernähre mich gesund*“) notwendig gewesen sind. An dritter Stelle finden sich Kommentare, aus denen positive Auswirkungen der KB auf den Gesundheitszustand hervorgehen („*Keine Beschwerden, durch die Beschränkung wurde ich sozusagen dazu gezwungen einen ruhigeren/entspannteren Tagesablauf zu haben, kaum Termine, die wahrgenommen werden mussten*“).

Junge Befragte, die während der KB schwach unter unfreiwilliger Einsamkeit litten und ihren Gesundheitszustand schlecht einschätzten, gaben am häufigsten an, vermehrt Zeit zuhause zu verbringen, habe sich negativ auf ihr Gemüt und die Kontakte im eigenen Haushalt ausgewirkt („*Immer zuhause bleiben nervt, macht müde und ist für die häuslichen Verhältnisse schädlich*"). Am zweithäufigsten fanden sich Hinweise auf ein verschlechtertes gesundheitsbezogenes Verhalten („*Gar nicht mehr bewegt, Essverhalten verschlechtert [u. a. Stressessen], häufiger Kopfschmerzen*"). Am dritthäufigsten wurden erziehungsbezogene Aspekte thematisiert („*Ich war oft müde und abgeschlagen von meinem Alltag, weil ich meine Kinder alleine betreut habe*"). Weitere Angaben bezogen sich auf

- eine reduzierte Schlafqualität („*Schlechter Schlaf wegen beruflicher Unsicherheit durch Lockdown, Freunde und Familie fehlten*"),
- „heruntergefahrene" Hilfeleistungen („*Es wurde etwas schlimmer, weil ich 4 Wochen keine reguläre Physiotherapie bekommen habe*") und
- reduzierte sportliche Aktivitäten und den damit einhergehenden Kontaktverlust („*weniger Kontakte und Ausgleich, da der Sport weggefallen ist*").

5.6.7 Psychische Verfassung und Einsamkeit

Die UV „psychische Verfassung" korreliert für die Zeit während der KB mit der AV „Einsamkeit" bei jungen Befragten schwach ($\chi 2$ [1, n = 103] = 14,85, p < .001, τb = -0.380) auf einem hohen und bei mittelalten Befragten mittelstark ($\chi 2$ [1, n = 81] = 16,47, p < .001, τb = -0.451) auf einem hohen Signifikanzniveau. Hypothese 8 b) kann für junge Befragte bestätigt werden. Es besteht eine negative Korrelation. Je besser junge Befragte ihre psychische Verfassung während der KB einschätzten, desto geringer litten sie während der KB unter unfreiwilliger Einsamkeit.

Die offenen Angaben junger und mittelalter Befragter, die ihre psychische Verfassung während der KB gut einschätzten und nicht unter unfreiwilliger Einsamkeit litten, wurden zunächst gesondert für alleinlebende Personen ausgewertet.

Diese Personen thematisierten eine in sich selbst ruhende Haltung. Im Folgenden sind bewusste Regulationsmechanismen, die diese Haltung begünstigten, entlang der Häufigkeit, mit denen sie genannt wurden, aufgelistet:

- Die neue Lebenssituation wurde optimistisch beurteilt und als Gelegenheit für Selbstreflexionen genutzt („*Zeit gehabt für mich alleine, um mich mit mir und meiner neuen Lebenssituation auseinanderzusetzen, neue Lebensziele geplant*"). Ferner gelang es optimistischen Befragten während der KB positive Lebensaspekte zu fokussieren („*In sich ruhen und besinnen auf die Gesundheit der Eltern*"). Personen, die auch schon vor den KB eine optimistische Lebenshaltung hatten, litten nicht darunter, während der KB allein zu sein

(*„Kann gut mit mir alleine sein, bin ich vorher auch schon*“, *„Bin gut eingestellt denke positiv*“).

- Neue Bewältigungsstrategien, wie etwa die Nutzung moderner Medien für die Kontaktpflege wurden angewendet (*„Ich kann mit der Situation rational umgehen. Kommunikation ist dank moderner Medien kein Problem*“, *„Neuorientierung im aktuellen Wohnumfeld, mit Nachbarn konnte ich am Grundstücksende reden*“).

Aus den offenen Angaben junger und mittelalter Befragter, die ihre psychische Verfassung während der KB nicht gut einschätzten, ging am häufigsten hervor, dass sich unfreiwillige Einsamkeit aus der Intensivierung instrumentell fordernder Kontakte speiste (*„Dauerbetreuung Kind, Pflege von Angehörigen, Keine Kontakte zu Freund*innen*“). Dadurch wurden diese Kontakte als belastender erlebt (*„Homeschooling permanent, Konflikte mit Kindern deswegen*“). Am zweithäufigsten wurden negative Gedankenkreise thematisiert, die durch unfreiwilliges Alleinsein entstanden (*„Ich habe zu viel Zeit zum Nachdenken. Probleme kommen an den Tag, die man über Jahre unterdrückt hat*“). Am dritthäufigsten fanden sich Hinweise auf Kontaktverluste aufgrund pandemiebezogener politischer Einstellungen im Bekanntenkreis (*„Ich hatte das Gefühl, dass in den sozialen Medien der Umgang rauer geworden ist, habe Bekannte an Verschwörungstheorien verloren*“).

Die Angaben von Personen, die während der KB unter Quarantäne standen, zeugten häufig von ihrer Angst, Sozialkompetenzen zu verlieren (*„Ich habe immer daran arbeiten müssen, mich nicht völlig zurückzuziehen. Jetzt darf ich keinen Kontakt haben und habe Angst, es danach nicht wieder in die Normalität zu schaffen*“). Zudem berichteten diese Befragten, nicht nur unter der unfreiwilligen Einsamkeit, sondern ebenfalls unter einem *„ziellosen Gefühl*“ gelitten zu haben (*„Ich war ziellos und sehr allein und sehr unsicher, wie lange dieser Zustand nun anhalten würde*“).

Am vierthäufigsten berichteten alleinerziehende junge und mittelalte Personen von fehlenden Kontakten zu anderen Erwachsenen und beengten Wohnverhältnissen (*„Ich hatte ganz schöne Stimmungsschwankungen, weil mir zum einen der Kontakt zu anderen Erwachsenen gefehlt hat und zum anderen wir in beengten Wohnverhältnissen leben*“). Studiumsbezogene und finanzielle Ängste führten bei Studierenden zu psychischem Stress (*„Ich war sehr frustriert, weil lange nicht klar war, ob das Semester durchführbar ist. Außerdem habe ich Jobs verloren und damit auch finanzielle Einbußen gehabt*“). Zudem resultierte aus sich ändernden pandemischen Maßnahmen Unsicherheit, welche Optionen für die Kontaktpflege bestehen (*„Weil der Druck ständig stieg und sich Bestimmungen, Rahmenbedingungen etc. ständig veränderten*“). Bei Personen, die unter einer Depression litten, wirkten sich die KB negativ auf Behandlungsoptionen aus („*Es gab keinerlei Möglichkeiten an einer Therapie zwecks meiner Depression teilzunehmen*“).

5.6.8 Persönliche Treffen und Einsamkeit

Für die Zeit vor den KB korreliert die UV „persönliche Treffen“ mit der AV „Einsamkeit“ bei jungen Befragten sehr schwach auf einem hohen Signifikanzniveau ($\chi 2$ [3, n = 102] = 18,53, p < .001, τb = -0.024). Hypothese 13 a) kann für junge Befragte bestätigt werden. Es besteht eine negative Korrelation. Je häufiger junge Befragte ihre Freunde vor den KB getroffen haben, desto geringer litten sie unter unfreiwilliger Einsamkeit. Aus den Kommentaren junger Befragter, die ihre Freunde vor den KB sehr häufig oder häufig getroffen haben, ging hervor, dass sie aufgrund eines interessengeleiteten sozialen Lebens mit Freunden nicht unter unfreiwilliger Einsamkeit litten („*Soziales Leben und Konzerte sind mein Ausgleich zur Arbeit*“).

Arbeit und die damit einhergehenden finanziellen Optionen, Freundschaften zu pflegen, wurden am häufigsten von jungen Befragten thematisiert, die vor den KB unfreiwillig einsam gewesen sind und ihre Freunde vor den KB selten persönlich getroffen haben („*Geld macht glücklich und das fehlt mir halt. Hätte ich zum Beispiel 100.000 Euro auf meinem Konto, dann müsste ich mir keine Sorgen machen, dass das Geld nicht reicht, obwohl man arbeiten geht. Mit genug Geld in der Hinterhand hat man an allem mehr Spaß, weil man weiß, man ist finanziell abgesichert. Auch in einem schlecht bezahlten Job hat man automatisch mehr Freude, wenn man schon genug Geld hätte*“).

5.6.9 Telefonate und Einsamkeit

Die UV „Häufigkeit von Telefonaten“ korreliert für die Zeit während der KB bei jungen Befragten mit der AV „Einsamkeit“ schwach auf einem mittleren Signifikanzniveau ($\chi 2$ [3, n = 103] = 13,09, p = .004, τb = 0.310). Hypothese 4 b) kann für junge Befragte bestätigt werden. Allerdings besteht anders als vermutet eine umgekehrte Zusammenhangsrichtung, da die Korrelation positiv ist. Je stärker junge Befragte während der KB unter unfreiwilliger Einsamkeit litten, desto häufiger telefonierten sie mit ihren Freunden.

An den Kommentaren der Befragten zu ihren Antworten auf die Frage nach dem Alleinsein lässt sich erkennen, weshalb junge Befragte, die während der KB unter unfreiwilliger Einsamkeit litten, häufig mit Freunden telefonierten. In allen Angaben spiegelt sich der Verlust von Ausgleichserlebnissen wider, die mit persönlichen Treffen einhergehen („*Gespräche fehlten, gemeinsame Unter-*

nehmungen und sportliche Aktivitäten"), was bei den jungen Befragten zu einem „*Gefühl von Einsamkeit in der schwierigen Situation*" geführt hat.

Telefonate konnten die Qualität persönlicher Treffen vermutlich nicht ersetzen, da häufig angemerkt wurde, dass „*Treffen mit Freunden und Ausflüge machen*" gefehlt hätten.

5.6.10 Instrumentelle Freundschaftskontakte und Einsamkeit

Die UV „sinnvolle Freundschaft instrumenteller Art" korreliert mit der AV „Einsamkeit" für die Zeit vor den KB bei Personen mit einem großen Freundeskreis schwach auf einem niedrigen Signifikanzniveau ($\chi 2$ [1, n = 37] = 3,90, p = .048, V = 0.324). Hypothese 16.1 a) kann für die Zeit vor den KB bei Befragten mit einem großen Freundeskreis bestätigt werden.

An den kreuztabellarischen Ergebnissen lässt sich erkennen, dass Personen mit einem großen Freundeskreis, die vor den KB von Freunden instrumentelle Unterstützung erhielten, geringer unter unfreiwilliger Einsamkeit litten als Personen, die von ihren Freunden nicht instrumentell unterstützt wurden. Personen mit einem großen Freundeskreis, die von Freunden auch instrumentell unterstützt wurden und nicht unter unfreiwilliger Einsamkeit litten, kommentierten ihre Antworten auf die Frage nach dem Alleinsein nicht. In den Kommentaren von Personen mit einem großen Freundeskreis, die vor den KB unter unfreiwilliger Einsamkeit litten und von ihren Freunden nicht instrumentell unterstützt wurden, fand sich überwiegend der Hinweis auf flexibilisierte Lebensverhältnisse, die es erschwerten, Freundschaften vertiefend zu pflegen („*Pendeln zwischen zwei Wohnsitzen, kein regelmäßiger Ansprechpartner*").

5.6.11 Emotionalbasierte Freundschaftskontakte und Einsamkeit

Die UV „sinnvolle Freundschaft emotionaler Art" korreliert mit der AV „Einsamkeit" für die Zeit nach der Lockerung der KB bei Personen mit einem großen Freundeskreis schwach auf einem mittleren Signifikanzniveau ($\chi 2$ [2, n = 185] = 8,33, p = .015, V = 0.212). Hypothese 16.2 b) kann für die Zeit nach der Lockerung der KB bei Befragten mit einem großen Freundeskreis bestätigt werden. An den kreuztabellarischen Ergebnissen zeigt sich, dass Personen mit einem großen Freundeskreis, die ihre Freunde nach den KB emotional unterstützend erlebten, in geringem Maße unter unfreiwilliger Einsamkeit litten.

Personen mit einem großen Freundeskreis, die von ihren Freunden nach den KB emotional unterstützt wurden und nicht unter unfreiwilliger Einsamkeit litten, kommentierten ihre Antworten auf die Frage zum Alleinsein nach der Lockerung der KB nicht. Personen mit einem großen Freundeskreis, die nach der Lockerung der KB stark und schwach unter unfreiwilliger Einsamkeit litten und die ihre Freunde als nicht emotional unterstützend erlebten, wiesen überwiegend auf nicht vorhandene Möglichkeiten, sich über Probleme auszutauschen, hin („*mir fehlt die Möglichkeit, mich über Schwierigkeiten auszutauschen*").

5.6.12 Wohnregion und Einsamkeit

Die UV „Wohnregion" korreliert mit der AV „Einsamkeit" bei jungen Befragten für die Zeit vor den KB schwach auf einem niedrigen Signifikanzniveau ($\chi 2$ [2, n = 103] = 7,36, p = .025, V = 0.267). Die kreuztabellarischen Ergebnisse zeigen, dass junge Befragte, die in einer urbanen Wohnregion lebten, vor den KB häufig stark oder schwach unter unfreiwilliger Einsamkeit litten.

Aus den Kommentaren zu den Antworten auf die Frage nach dem Alleinsein vor den KB geht hervor, dass junge Befragte, die in einer urbanen Wohnregion lebten, unter unfreiwilliger Einsamkeit litten, wenn sie sich nicht gewollt fühlten und befürchteten, nichts zu erleben oder etwas zu verpassen („*Fühlte mich nicht gemocht und dachte oft etwas zu verpassen*").

5.6.13 Mobilität und Einsamkeit

Die UV „Mobilitätsmittel Auto" korreliert bei alten Befragten für die Zeit während der KB mittelstark auf einem mittleren Signifikanzniveau ($\chi 2$ [1, n = 42] = 8,50, p = .004, V = 0.450) mit der AV „Einsamkeit". Aus den kreuztabellarischen Ergebnissen geht hervor, dass alte Befragte, die über ein Auto verfügten, während der KB häufig nicht unter unfreiwilliger Einsamkeit litten. Alte Befragte, die kein Auto hatten und während der KB schwach oder stark unter unfreiwilliger Einsamkeit litten, gaben zu ihren Antworten auf die Frage nach dem Alleinsein als offenen Kommentar überwiegend „*Langeweile*" an.

6. Interpretation der Forschungsergebnisse

Aus den Kommentaren geht hervor, dass die Möglichkeiten und Grenzen, Einsamkeitserleben bewusst zu regulieren bzw. unbewusste Einsamkeitsregulationen zu erkennen und zu verändern, mit Mikro-, Meso- und Makroregulatoren zusammenhängen.

Daher werden die Mechanismen, mit denen die Befragten ihr Einsamkeitserleben vor den, während der und nach der Lockerung der KB bewusst und unbewusst reguliert haben, nicht separat für die Mikro-, Meso- und Makroebene dargestellt, sondern entlang von Regulationsbereichen.

Aus den korrelationsanalytischen Ergebnissen und den offenen Angaben der Befragten konnten fünf Bereiche der Einsamkeitsregulation abgeleitet werden, denen sich die im Rahmen der zusammenfassenden Inhaltsanalyse induktiv gebildeten Kategorien als Mikro, Meso- und Makroregulatoren zuordnen ließen.

6.1 Einsamkeitsregulation und Lebenszufriedenheit

Die Lebenszufriedenheit ist ein Ausdruck der subjektiv eingeschätzten Lebenslage. Die Lebenslage wird vom sozialen Umfeld und den gesellschaftlichen Teilhabechancen einer Person geprägt (vgl. Kap. 3.2.1). Infolgedessen sind die Einsamkeitsregulatoren dieses Bereiches auf der Mikro-, Meso- und der Makroebene zu verorten:

- Makroregulatoren
  - Transformierte Zeitstrukturen
  - Sozioökonomischer Status
- Mesoregulator
  - Work-Life-Balance
- Mikroregulatoren
  - Familienkontakte
  - Familiensinn
  - Eheleben

6.1.1 Einsamkeitsregulation und Lebenszufriedenheit vor den KB

Der Mesoregulator „Work-Life-Balance“ und der Makroregulator „sozioökonomischer Status“ konnten mit einer positiven Regulation unfreiwilliger Einsamkeit korrespondieren. Lebenszufriedene junge und mittelalte Befragte glichen Arbeitsbelastungen vor den KB durch Freizeitunternehmungen, wie beispielsweise Konzertbesuche mit Freund*innen, aus. Die finanziellen Möglichkeiten, den subjektiven Anspruch einer eventorientierten Kontaktpflege einlösen zu können, begünstigten eine positive Regulation unfreiwilliger Einsamkeit.

Junge und mittelalte Personen, die mit ihrem Leben aufgrund realisierter eventorientierter Unternehmungen zufrieden waren, litten nicht unter unfreiwilliger Einsamkeit, weil sie im Rahmen dieser Unternehmungen soziale Kontakte pflegten oder aufbauten.

Der Mesoregulator „Work-Life-Balance“ und der Makroregulator „sozioökonomischer Status“ konnten jedoch auch mit negativen Einsamkeitsregulationen korrespondieren. Wenn den Befragten finanzielle Mittel fehlten, Kontakte so zu knüpfen und zu pflegen, wie sie es subjektiv für sich beanspruchten, konnten sie sich unfreiwillig einsam fühlen. Es gab alleinstehende junge und mittelalte Befragte, die berufsbedingt zwischen zwei Wohnsitzen pendelten und ihren Anspruch, intensive Freundschaften zu pflegen, aus zeitlichen Gründen nicht einlösen konnten. Bei diesen Personen kam es zu unfreiwilligem Einsamkeitserleben.

Die Mikroregulatoren „Eheleben“ und „Familienkontakte“ zu Kindern und Enkelkindern konnten bei alten Befragten mit einer positiven Regulation unfreiwilliger Einsamkeit einhergehen. Alte Befragte, die nicht unter unfreiwilliger Einsamkeit litten, weil die Kontaktqualität in der Ehe ihren Erwartungen entsprach und weil ihre Kinder und Enkelkinder in der Nähe lebten, waren mit ihrem Leben zufrieden.

6.1.2 Einsamkeitsregulation und Lebenszufriedenheit während der KB

Durch die politisch angeordneten KB verlagerten sich berufliche Tätigkeiten in das „Home-Office“ und führten zu transformierten Zeitabläufen (vgl. Kap. 5.6.1). Insofern lassen sich transformierte Zeitstrukturen als Makroregulatoren begreifen, die von den Befragten nicht beeinflusst werden konnten.

Transformierte Zeitstrukturen steigerten die Lebenszufriedenheit von Befragten ohne Kinder oder mit einem Kind, die über einen Job verfügten, der zuhause ohne materielle Einbußen abgewickelt werden konnte. Individuelle Freiheiten für die Alltagsgestaltung wurden als erweitert erlebt, wodurch subjektive Ansprüche an die familiäre Kontaktfrequenz und -qualität besser eingelöst werden konnten. Das Erleben unfreiwilliger Einsamkeit veränderte sich bei diesen Befragten durch die KB positiv.

Der Makroregulator „transformierte Zeitstrukturen" korrespondierte mit negativen Einsamkeitsregulationen, wenn Befragte individuell bedeutsame Arbeitskontakte nicht mehr oder nicht ausreichend pflegen konnten.

Auch durch die Verknüpfung des Makroregulators „transformierten Zeitstrukturen" mit dem Mesoregulator „Work-Life-Balance" wurden negative Einsamkeitsregulationen begünstigt. Befragte mit mehreren Kindern, die berufliche Tätigkeiten und Home-Schooling im Privathaushalt erbringen mussten, erlebten eine Gefährdung ihrer „Work-Life-Balance". Darüber hinaus konnte die gestiegene Verantwortung für den schulischen Erfolg der Kinder zu veränderten Beziehungserwartungen führen, die sich nicht immer einlösen ließen. Kinder erwarteten von ihren Eltern mehr schulische Unterstützung. Eltern erwarten von ihren Kindern konzentrierte Mitarbeit beim Home-Schooling. Diskrepanzen zwischen Beziehungserwartung und -realitäten während der KB konnten sich nicht nur negativ auf die Lebenszufriedenheit und belastend auf die Eltern-Kind-Beziehung auswirken (vgl. Kap. 5.6.7). Sie begünstigten auch unfreiwillige Einsamkeit, wie aus dieser offenen Angaben einer alleinerziehenden Mutter hervorgeht: *„Nur Kinder um mich haben, nervte mich. Ich wollte mal andere Themen mit anderen Menschen besprechen. Stattdessen machte ich Homeschooling"*.

Bei Befragten, deren berufliche Tätigkeiten nicht oder nur eingeschränkt im Homeoffice ausführbar gewesen sind, konnte es zu finanziellen Sorgen kommen. Das Erleben unfreiwilliger Einsamkeit veränderte sich bei diesen Befragten durch die KB negativ.

6.1.3 Einsamkeitsregulation und Lebenszufriedenheit nach der Lockerung der KB

Der Mesoregulator „Work-Life-Balance" führte bei jungen und mittelalten Befragten zu einer Verringerung der Lebenszufriedenheit, wenn sie geplante Urlaubsreisen als Ausgleich zum Arbeitsleben nicht mehr antreten konnten (vgl. Kap. 5.6.1). Insbesondere alleinlebende junge und mittelalte Befragte, die diese Angaben machten, litten unter unfreiwilliger Einsamkeit. Vermutlich, weil sie erwarteten, ihren Anspruch, während des Urlaubs Kontakte zu pflegen oder aufzubauen, nicht einlösen zu können. Junge und mittelalte Befragte, für die der Besuch von Restaurants und Kneipen ein relevanter Bestandteil ihres sozialen Lebens war, sind mit ihrem Leben unzufrieden gewesen, wenn sie diesen Anspruch auch nach der Lockerung der KB nicht einlösen konnten.

6.2 Einsamkeitsregulation und Krisenerfahrung

In diesem Bereich hängen Mikroregulatoren mit dem unfreiwilligem Einsamkeitserleben der Befragen während der KB zusammen:

- Kommunikationsart
- Alltagsaktivitäten
- Lebensauffassungen

Der Regulator „Kommunikationsart“ konnte bei Personen, die während der KB ihre verwendeten Kommunikationskanäle variierten mit einer positiven Regulation unfreiwilliger Einsamkeit einhergehen. Junge und mittelalte Befragte, die während der KB sinnvolle Beziehungen telefonisch oder digital pflegten, berichteten selten von unfreiwilliger Einsamkeit (vgl. Kap. 5.6.1 und Kap. 5.6.9). Durch die Adaption der Kontaktpflege passte der Anspruch dieser Personen an die Quantität, Qualität und Frequenz ihrer sozialen Kontakte zu ihren Erfahrungen während der KB. Junge und mittelalte Befragte, für die Alternativen zum Präsenzkontakt ihren subjektiven Qualitätsanspruch an die Kontaktpflege nicht ersetzen konnten, erlebten unfreiwillige Einsamkeit.

Die Mikroregulatoren „Kontaktart“ und „Alltagsaktivität“ korrespondierten bei Menschen, die ihren Anspruch, soziale Kontakte im Rahmen des Besuchs von Restaurants und Kneipen zu pflegen, aufgrund der KB nicht einlösen konnten, mit einer negativen Einsamkeitsregulation (vgl. Kap. 5.6.1).

Der Regulator „Alltagsaktivität“ begünstigte bei Personen, die ihren Alltag nicht an die veränderten Rahmenbedingungen während der KB anpassen (konnten) eine negative Einsamkeitsregulation. Es gab Personen aller Altersklassen, die während der KB unter unfreiwilliger Einsamkeit litten, wenn sie auf Alltagsaktivitäten verzichten mussten, mit denen eine positive Regulation unfreiwilliger Einsamkeit einherging. Dazu gehörten beispielsweise Befragte, die ihren Anspruch, sinnvolle Kontakte im Rahmen sportlicher Aktivitäten zu pflegen, nicht einlösen konnten (vgl. Kap. 5.6.6). Der erzwungene Aktivitätsverzicht führte für diese Befragten dazu, dass sie

- Langeweile zusätzlich in Stress versetzt hat (vgl. Kap. 5.6.3, 5.5.4 und Kap. 5.6.13),
- ihre familiäre Beziehungen als belastend erlebten (vgl. Kap. 5.6.6) und
- ihr Alltag zu einem ziellosen Zustand wurde (vgl. Kap. 5.6.7).

Befragte, die den Aktivitätsverlust während der KB durch

- Tätigkeiten ausglichen, denen sie mit Personen aus dem eigenen Haushalt nachgingen (Gartenarbeit, Hausreparaturen und/oder Lesen; vgl. Kap. 5.6.6) oder
- eine Anpassung ihrer persönlichen Gewohnheiten an die Krisensituation ausglichen, indem sie beispielsweise eine neue Sprache lernten (vgl. Kap. 5.6.1),

konnten ihr unfreiwilliges Einsamkeitserleben bewusst positiv regulieren (vgl. Kap. 2). Die Kommentare dieser Befragten waren von der Zuversicht geprägt, die mit den KB einhergehenden Anforderungen und Belastungen bewältigen zu können, die sich mit Antonovsky (1979, S. 184 f.) als Gefühl der Bewältigbarkeit bezeichnen lässt (vgl. Kap. 2).

Auch die Mikroregulatoren „Lebensauffassung“ und „psychische Verfassung“ (vgl. Kap. 6.4) korrespondierten mit Mechanismen, durch die unfreiwillige Einsamkeit positiv reguliert wurde. Durch eine optimistische Lebenshaltung konnten junge Befragte das krisenhafte Erlebnis der KB kompensieren, indem sie damit einhergehende positive Aspekte, wie verringerte Geldausgaben, fokussierten (vgl. Kap. 5.6.1). Es gab darüber hinaus Befragte, die die KB als Gelegenheit begriffen, sich mit ihrem Leben auseinanderzusetzen, um Lebensziele zu reflektieren, wofür sonst zeitlicher Freiraum fehlte, wodurch sie ihr unfreiwilliges Einsamkeitserleben positiv regulierten (vgl. Kap. 5.6.7). Mit Antonovsky (1979, S. 184 f.) lässt sich die optimistische Lebenshaltung dieser Befragten als Gefühl der Sinnhaftigkeit verstehen. Durch ihre Kommentare gaben sie zu verstehen, dass es sich für sie lohnte, die mit den KB einhergehenden Anforderungen zu bewältigen, weil sich dadurch auch positive Aspekte einstellten.

Die Regulatoren „Lebensauffassung“ und „psychische Verfassung“ (vgl. Kap. 6.4) können auch mit negativen Einsamkeitsregulationen in Beziehung stehen. Es gab Befragte, die Probleme verdrängt haben. Das Alleinsein während der KB führte bei ihnen dazu, dass die Schwierigkeiten wieder ins Bewusstsein rückten. Gleichzeitig hatten diese Befragten das Gefühl, mit ihren Problemen allein zu sein, wodurch sie sich unfreiwillig einsam fühlten (vgl. Kap. 5.6.7).

Ferner kann der Regulator „Lebensauffassung“ mit einer negativen Einsamkeitsregulation einhergehen, wenn aufgrund von Krisen Misstrauen gegenüber dem politischen System entsteht oder sich verfestigt. Diese Skepsis schlägt sich in der Infragestellung politischer Entscheidungen nieder. Insbesondere Befragte, die dem politischen System in Deutschland skeptisch gegenüberstanden, erlebten eine Diskrepanz zwischen ihrer Erwartung, private und berufliche Kontakte paritätisch pflegen zu können und den Erfahrungen während der und nach der Lockerung der KB. Ihnen erschloss sich nicht, weshalb sie private Kontakte einschränken müssen, aber berufliche Kontakte stattfinden können.

Bei Befragten, die die KB als unberechtigten Eingriff in ihre persönliche Freiheit auffassten, entstand das Gefühl, eingesperrt zu sein, was bei ihnen zu unfreiwilligem Einsamkeitserleben führte (vgl. Kap. 5.6.1 und 5.6.4). Durch die KB intensivierte sich bei diesen Befragten das unfreiwillige Einsamkeitserleben.

Menschen, deren skeptische Auffassung der KB mit verschwörungstheoretischen Überlegungen einhergingen, trugen zum unfreiwilligem Einsamkeitserleben mancher Befragter bei. Es gab Befragte, die sich von Freunden und Bekannten distanzierten, weil ihr Anspruch, sich nicht mit Verschwörungstheorien auseinandersetzen zu müssen, nicht mehr den erfahrenen Kontakten entsprach (vgl. Kap. 5.6.7).

6.3 Einsamkeitsregulation und Beziehungsqualität

Im Regulationsbereich Beziehungsqualität korrespondierten folgende Mikroregulatoren mit dem unfreiwilligen Einsamkeitserleben der Befragten:

- Informationsfluss
- Kontaktspektrum
- Persönliche Kontakte
- Instrumentelle Kontakte

Informationsfluss: Während der KB konnte es bei alleinlebenden Befragten zu unfreiwilligem Einsamkeitserleben kommen, wenn sie ihren Anspruch, sich mit anderen Personen über das Pandemiegeschehen auszutauschen, nicht realisieren konnten (vgl. Kap. 5.6.4). Befragte mit einem kleinen Freundeskreis und ohne freundschaftliche Kontakte, die es ihnen ermöglichten, sich über Alltagsschwierigkeiten auszutauschen, erlebten nach der Lockerung der KB unfreiwillige Einsamkeit (vgl. Kap. 5.6.11).

Kontaktspektrum: Alte Befragte, die vor den KB ihren Anspruch, regelmäßig Kontakt zu Enkelkindern und Kindern haben zu können, realisieren konnten, erlebten selten unfreiwillige Einsamkeit (vgl. Kap. 5.6.6). Weibliche Befragte, die in einer Partnerschaft lebten, konnten während der KB unfreiwillige Einsamkeit erleben, wenn es ihnen nicht möglich war, sich mit einer Freundin ungestört zu unterhalten (vgl. Kap. 5.6.4).

Wenn sich alleinerziehende Befragte während der KB nicht mit erwachsenen Personen austauschen konnten, wurde eine negative Regulation ihres Einsamkeitserlebens begünstigt (vgl. Kap. 5.6.5 und 5.6.6).

Persönliche Kontakte: Wenn junge Befragte vor den KB aufgrund abgebrochener intim-erotischer Beziehungen ihre Erwartungen an ein Leben zu zweit nicht realisieren konnten, litten sie unter unfreiwilliger Einsamkeit. Junge und mittelalte Personen, deren Anspruch an eine Kontaktpflege, die mit körperlichen Kontakten, Face-to-Face Kontakten und im intim-erotischen Bereichen mit sexuellen Kontakten einherging, aufgrund der KB nicht erfüllt werden konnte, fühlten sich unfreiwillig einsam (vgl. Kap. 5.6.1). Auch nach der Lockerung der KB konnte sich bei jungen Befragten unfreiwilliges Einsamkeitserleben verstärken, wenn sie ihren Anspruch, subjektiv sinnvolle Kontakte im Rahmen persönlicher Treffen zu pflegen, weiterhin nicht erfüllen konnten (vgl. Kap. 5.6.1).

Instrumentelle Kontakte: Wenn sich der Anspruch alleinlebender weiblicher Befragter, instrumentelle Unterstützung zu erhalten, aufgrund der KB nicht realisieren ließ, konnte dies zu einer negativen Einsamkeitsregulation führen (vgl. Kap. 5.6.4).

6.4 Einsamkeitsregulation und Gesundheit

Aus den offenen Angaben der Befragten ließen sich für den Bereich Gesundheit folgende Einsamkeitsregulatoren ableiten:

- Makroregulator:
  - Sozioökonomischer Status
- Mikroregulatoren:
  - Psychische Verfassung
  - Körperliche Verfassung
  - Subjektives Gesundheitsempfinden

Sozioökonomischer Status: Unfreiwillige Einsamkeit kann sich zusammen mit finanziellen Ängsten negativ auf die psychische Verfassung auswirken. Die psychische Verfassung junger und mittelalter Befragter, die unfreiwillig einsam gewesen sind, verschlechterte sich während der KB durch berufliche Unsicherheiten (vgl. Kap. 5.6.6).

Psychische Verfassung: Von manchen Befragten wurden Einsamkeitsregulationen thematisiert, die mit ihrer psychischen Verfassung korrespondierten. Personen, die aufgrund depressiver Tendenzen sozialen Kontakten aus dem Weg gingen, obwohl sie eigentlich Kontakt zu Menschen haben wollten, litten vor den KB unter unfreiwilliger Einsamkeit (vgl. Kap. 5.6.2.). Aufgrund der Schwierigkeit, während der KB einen Psychotherapieplatz zu erhalten und/oder psychotherapeutische Behandlungen fortzuführen, konnte sich diese negative Einsamkeitsregulation bei jungen Befragten verfestigen (vgl. Kap. 5.6.1 und 5.6.6). Auf diese Einsamkeitsregulation hatten die Befragten keinen Einfluss.

Obwohl das Wort Einsamkeit im Online-Fragebogen nicht auftauchte, beschrieben junge und mittelalte Befragte unfreiwillige Einsamkeit als Folge depressiver Erkrankungen. Diese Personen wollten soziale Kontakte knüpfen und pflegen. Ihre depressive Erkrankung führte aber zu kontaktmeidendem Verhalten (vgl. Kap. 5.6.3).

Junge und mittelalte Befragte mit einer depressiven Erkrankung, die bereits vor den KB daran arbeiteten, sich nicht aus sozialen Kontakten zurückzuziehen, wurde es durch die KB erschwert, dieses Ziel zu erreichen. Daraus resultierte nicht nur unfreiwilliges Einsamkeitserleben. Es entstand auch die Befürchtung, nach der Lockerung der KB, die mühevoll erarbeitete „Kontaktkompetenz" nicht mehr aufrecht erhalten zu können (vgl. Kap. 5.6.7).

Körperliche Verfassung: Vor den KB konnten körperliche Mobilitätseinschränkungen (z. B. Hemiparese) bei alten Befragten mit einer negativen Einsamkeitsregulation einhergehen, wenn sie dadurch ihre Ansprüche an die Gestaltung sozialer Kontakte nicht einlösen konnten (vgl. Kap. 5.6.6).

Alte Befragte, die aufgrund der mit den KB einhergehenden Maßnahmen (Mund-Nasen-Schutz) körperliche Beschwerden erlitten (Kopfschmerzen, gestiegener Blutdruck), verzichteten auf Kontaktgelegenheiten, wodurch ihr Einsamkeitserleben negativ reguliert wurde (vgl. Kap. 5.6.1).

Subjektives Gesundheitsempfinden: Wenn pandemiebedingte Sicherheitserwartungen der Befragten von Mitmenschen nicht erfüllt wurden, waren sie nach der Lockerung der KB mit ihrem Leben unzufrieden. Weil sie sich aus Sicherheitsgründen aus sozialen Kontakten zurückzogen, litten sie unter unfreiwilliger Einsamkeit (vgl. Kap. 5.6.1).

7. Einsamkeitsregulation und Soziale Arbeit

Die Frage, ob und, wenn ja, inwiefern Menschen, die unter unfreiwilliger Einsamkeit leiden, geholfen werden kann, wird kontrovers diskutiert. Unter der Überschrift „Grenzen der Intervention: Zur Unlösbarkeit des Einsamkeitsproblems" schildert Stallberg (vgl. 2021, S. 47) seine Position, dass Einsamkeit unaufhebbar sei, weil sie im gesellschaftlichen Zivilisationsprozess verankert sei. In dieser Lesart Stallbergs ist Einsamkeit die Kehrseite moderner Errungenschaften, wie der individuellen Wahlfreiheit und der autonomen Selbstverwirklichung.

Vor dem Hintergrund der mit Einsamkeit einhergehenden Stigmatisierungserfahrungen und -befürchtungen (vgl. Kap. 2) lässt sich die Position Stallbergs (2021, S. 48), dass „amtliche Kontaktangebote leicht als aufdringlich und Peinliches enthüllend wahrgenommen und als völlig minderwertiger Ersatz für eigentlich Gewünschtes, aber nie Erlangtes oder Verlorenes abgelehnt werden", verstehen.

Lippke (2021) hält es für möglich, unfreiwillig einsamen Menschen zu helfen. Sie hebt in diesem Zusammenhang die Eigenverantwortung der Menschen hervor:

> „Menschen sollen nicht darauf warten, dass sie weniger einsam ‚gemacht' werden. Stattdessen sollen sie motiviert werden bzw. bleiben und vielfältige Möglichkeiten haben, sich zu verbinden und die Einsamkeit aktiv zu überwinden. Es gibt viele gute Beispiele von erfolgreichen Angeboten dieser Art. Wichtig ist dabei auch, dass Menschen bürgerschaftliches Engagement und Ehrenämter übernehmen (können): Wer anderen hilft, die Einsamkeit zu überwinden, der/die hilft auch sich selbst".

Bei der Auseinandersetzung mit der Frage, ob und wie intensiv unfreiwillig einsamen Menschen geholfen werden kann, spielen unter anderem vier Punkte eine Rolle:

1. Menschen lassen sich nur schwer „motivieren". In diesem Zusammenhang wird häufig auf das von Luhmann und Schorr (1982, S. 14) beschriebene „strukturell begründete Technologiedefizit" des Erziehungssystems hingewiesen: Es stehen keine „Technologien" zur Verfügung, mit denen sich Menschen durch eine gezielte Intervention von einem Zustand A in einen

vorher festgelegten Zustand B überführen lassen. Anders als bei der trivialen Maschine Staubsauger, für die bei der Reparatur eines Motorschadens standardisierte Technologien für die Reparatur des Motors zur Verfügung stehen, können unfreiwillig einsame Menschen nicht immer auf dieselbe Art und Weise im Sinne einer technischen Standardisierung beraten werden. Sozialarbeiterische Interventionen können Menschen im besten Fall dazu anregen, sich selbst zu beeinflussen.

2. Menschen sind nicht immer allein dazu in der Lage, unfreiwillige Einsamkeit positiv zu regulieren, wie die Forschungsergebnisse der Studie KoKon zeigen (vgl. Kap. 5 und 6). Insbesondere wenn sich Mikro-, Meso- und Makroregulatoren, die individuell nicht beeinflussbar sind, auf die Einsamkeitsregulation auswirken, kann Unterstützung von außen notwendig werden.
3. Es ist nicht ausgeschlossen, dass sich Menschen Hilfe suchend an soziale Dienste wenden, weil sie unter unfreiwilliger Einsamkeit leiden.
4. Interventionen müssen nicht als „Hilfe gegen Einsamkeit“ gelabelt sein, um Menschen dabei zu unterstützen, unfreiwillige Einsamkeit positiv zu regulieren. Auch wenn andere Hilfethemen im Fokus stehen, kann das Einsamkeitserleben der Menschen eine Rolle für den Hilfeprozess spielen. Forschungsergebnisse zu Interventionen bei Einsamkeitserleben zeigen: Sowohl Ansätze, die als „Hilfen gegen Einsamkeit“ etikettiert wurden als auch einsamkeitsunspezifische Vorgehensweisen können positive Regulationen unfreiwilliger Einsamkeit fördern (vgl. Kap. 3.3.3).

In der Sozialen Arbeit kann Einsamkeitsregulation bei Interventionen eine Rolle spielen, die nicht primär auf Einsamkeitserleben ausgerichtet sind (z. B. im Rahmen der sozialpsychiatrischen Versorgung; vgl. Kap. 3.3.2). Wenn sich Menschen aufgrund ihres Einsamkeitserlebens hilfesuchend an eine soziale Einrichtung wenden (wie z. B. alleinerziehende Personen in der Kinder- und Jugendhilfe; vgl. Kap. 3.3.1), werden aber auch einsamkeitsspezifische Interventionen notwendig.

Einsamkeitsunspezifische Maßnahmen können relevant sein, weil viele Menschen Angst davor haben, unfreiwillig zu vereinsamen und sich unfreiwillig vereinsamte Menschen für ihren Gefühlszustand schämen (vgl. Kap. 1 und 2). Unfreiwilliges Einsamkeitserleben zu entblößen, bedeutet für viele Menschen, vor anderen zuzugeben, sozial versagt zu haben, weil sie nicht dazu in der Lage sind, subjektiv sinnvolle Kontakte zu knüpfen und/oder zu pflegen. Daher können sich Menschen nicht nur von ihrem Einsamkeitserleben abwenden, sondern auch von Hilfsmaßnahmen, die speziell für einsame Menschen gestaltet wurden. Bohn (2006, S. 14) bezeichnet dieses Phänomen als „Turn-away-Effekt“. Menschen tendieren dazu, sich von einem Thema abzuwenden, wenn es für sie mit Angst und Scham einhergeht.

Das hier vorgestellte Modell der Einsamkeitsregulation stellt keinen Leitfaden für einsamkeitsspezifische oder -unspezifische Interventionen in der Sozialen Arbeit dar. Es kann jedoch dafür sensibilisieren, Einsamkeit beim methodischen Handeln einsamkeitsunspezifisch zu berücksichtigen oder mit Menschen, die aufgrund unfreiwilliger Einsamkeit Hilfe suchen, einsamkeitsspezifische Interventionen zu entwickeln.

Um beim methodischen Handeln Einsamkeitserleben regulationsorientiert zu berücksichtigen, bedarf es keiner einsamkeitsspezifischen Methoden.

Eine Methode ist ein „vorausgedachter Plan der Vorgehensweise" (Geißler, Hege 2001, S. 24). Zum Modell der Einsamkeitsregulation passen Methoden, mit denen sich vorausschauend reflektieren lässt, wie sich subjektives Einsamkeitserleben und damit korrespondierende Regulatoren erfassen und verstehen lassen.

Darüber hinaus werden methodische Ansätze benötigt, mit denen es gelingt, die Handlungsoptionen von Menschen, die unter unfreiwilliger Einsamkeit leiden, derart zu erweitern, dass sie ihre subjektiven Ansprüche an die Qualität und Quantität sozialer Kontakte (wieder) einlösen können.

Als Beispiel: Der Makroregulator „sozioökonomischer Status" beeinflusst die individuellen Möglichkeiten der Einsamkeitsregulation. Ohne monetäre Engpässe können soziale Kontakte sorgenfreier gepflegt werden, weil damit einhergehende Kosten (Konzertbesuche, Kneipenbesuche, ÖPNV-Ticket) nicht als Kontaktbarriere wahrgenommen werden.

Mit Methoden kann das Hilfegeschehen weder vorkalkuliert werden, noch lässt sich prognostizieren, welche einsamkeitsbezogenen Folgen durch welche Interventionen ausgelöst werden.

Es geht also nicht um eine „lupenreine" Anwendung methodischer Ansätze, sondern darum, methodisch so zu handeln, dass sich einsamkeitsspezifische und -unspezifische Maßnahmen an der Lebenssituation und dem Einsamkeitserleben der Menschen ausrichten lassen.

Dafür ist eine aufmerksame Suche nach methodischen Ansätzen oder Ansatzkombinationen erforderlich, die dem subjektiven Einsamkeitserleben der Menschen und ihrer Lebenssituation gerecht werden. Bei dieser Suche gilt es zu reflektieren, welche Lebensbereiche und welche Wahrnehmungen der Menschen, mit denen sozial gearbeitet wird, mit empirisch fundierten Regulationsbereichen assoziiert sind.

Dazu zwei Beispiele: Bei der Pflegeberatung nach § 7a, SGB XI kann ein älterer Herr von seiner Entscheidung berichten, den Kontakt zu seiner Tochter abgebrochen zu haben, weil er ihre Lebensauffassung nicht teilt. Wenn er ins Grübeln kommt und äußert: „Ich weiß, sie wohnt hier ganz in der Nähe. Vielleicht sollte ich mal einen Privatdetektiv organisieren. Ist ja komisch, dass sie hier lebt und ich nichts von ihr weiß", kann im weiteren Gespräch behutsam eine etwaige Einsamkeitsregulation durch den unerfüllten Anspruch an die nahräumliche Kontaktpflege zu Familienangehörigen erkundet werden (siehe dazu Kap. 6.1).

Wenn mit einer Gruppe Jugendlicher im Rahmen der offenen Kinder- und Jugendarbeit ein Ausflug in die Kletterhalle geplant wird, lässt sich regulationsorientiert beobachten, welche der Jugendlichen durch das Gruppengeschehen ihre subjektiven Ansprüche an die Beziehungsqualität erfüllen können und welche nicht (vgl. Kap 6.3). Vielleicht gibt es Jugendliche, die gern an dem Ausflug in die Kletterhalle teilnehmen wollen, denen aber die finanziellen Mittel für die Busfahrt und das Eintrittsticket fehlen (vgl. Kap. 6.1).

Die beiden Beispiele betreffen einzelfall- und gruppenbezogene Arbeitssettings. Einzelfall- und gruppenbezogene Angebote werden eher selten aufsuchend erbracht.

Gemeinwesenbezogen tätige Fachkräfte arbeiten häufig auch aufsuchend. Fachkräfte in gemeinwesenbezogenen Arbeitssettings beginnen in der Regel mit aktivierenden Gesprächen (siehe dazu ausführlich: Lüttringhaus, Richers, 2019) an der Haustür oder im öffentlichen Raum ihre Arbeit im Wohngebiet. Die Bezeichnung „aktivierend" ist etwas missverständlich.

Dieser methodische Ansatz dient nicht dazu, Menschen zu „aktivieren", um ihnen Aufgaben im Gemeinwesen zu übertragen, sodass finanzielle Mittel für professionelle Hilfen eingespart werden können. Korrekter wäre die Bezeichnung „aktivitätserkundende (Haustür-)Gespräche". Das Ziel besteht darin, an der Haustür der Menschen oder an frequentierten Orten im öffentlichen Raum (Spielplatz, Park etc.) zu erkunden, welche Interessen die Menschen an dem Gebiet haben, in dem sie leben und ob sie zur Verbesserung der Lebensumstände vor Ort aktiv sind oder aktiv werden wollen. Bei den Gesprächen sprechen die Menschen auch über ihre sozialen Kontakte, sodass unfreiwilliges Einsamkeitserleben direkt oder indirekt thematisiert werden kann. Insofern erscheint gemeinwesenbezogene Arbeit besonders interessant zu sein, um Menschen zu erreichen, die unfreiwillig vereinsamen aber keine Hilfen nutzen können oder wollen (siehe dazu ausführlicher Kap. 7.3).

Sozialarbeitende können Regulationen, die mit unfreiwilliger Einsamkeit korrespondieren, nicht immer allein bearbeiten. Die sozialarbeiterische Kasuistik hilft durch die Bestimmung der Perspektiven „Fall von", „Fall für" und „Fall mit" (Müller 2012, S. 43 ff.) zu eruieren, aus welchen sozialarbeiterische(n) Arbeitsfeld(ern) Leistungen für eine unfreiwillig einsame Person infrage kommen, ob sie (auch) ein Fall für andere Unterstützungssysteme sein sollte und wie methodisch mit der Person an einer Zustandsänderung gearbeitet werden kann (siehe dazu ausführlich Thoma 2013, S. 379). Der Fallbegriff bezieht sich nicht auf einzelne Personen. Fälle sind Situationen, für die Professionelle der Sozialen Arbeit (auch) zuständig sind.

Im nächsten Kapitel wird beschrieben, wie Sozialarbeitende Einsamkeitserleben in einzelfall-, gruppen- und gemeinwesenbezogenen Arbeitssettings regulationsorientiert berücksichtigen können.

Aus analytischen Gründen erfolgt die Darstellung separat für die drei Arbeitsformen. Dadurch soll jedoch nicht der Eindruck entstehen, diese Arbeitsformen seien voneinander abgeschottet. So arbeiten Fachkräfte in der einzelfallbezogenen Kinder- und Jugendhilfe nicht nur mit einem Kind, sondern auch mit den Eltern und Geschwistern, also mit einer Familiengruppe. In der Gemeinwesenarbeit werden Gruppentreffen moderiert oder einzelne Personen beraten. In gruppenbezogenen Arbeitskontexten, wie etwa in einem Kinder- und Jugendzentrum, werden die Besucher*innen personenzentriert beraten. Darüber hinaus vernetzen sich Einrichtungen der offenen Kinder- und Jugendarbeit gemeinwesenbezogen.

Die methodischen Ansätze regulationsorientierter Sozialer Arbeit mit unfreiwillig einsamen Menschen lassen sich also auch arbeitsformübergreifend anwenden (siehe dazu ausführlich Noack 2022).

7.1 Einsamkeitsregulation in einzelfallbezogenen Arbeitssettings

Im Folgenden werden exemplarisch methodische Ansätze für einsamkeitsunspezifische und -spezifische Interventionen vorgestellt.

7.1.1 Einsamkeitsunspezifische Interventionen

In einzelfallbezogenen Handlungsfeldern, wie etwa der Kinder- und Jugendhilfe oder der Eingliederungshilfe, wird vorrangig mit Menschen sozial gearbeitet, die sich an einen sozialen Dienst wenden, um ihren Leistungsanspruch geltend zu machen oder die darüber informiert werden, dass sie einen Rechtsanspruch auf Hilfe haben. Darüber hinaus wendet sich das Jugendamt an personensorgeberechtigte Personen, wenn es von einer Kindeswohlgefährdung erfährt. Im Rahmen von Erst- und Beratungsgesprächen werden die Interessen, Bedarfe und Ressourcen der Fallbeteiligten erkundet.

Ein Ansatz, mit dem sich Interessen, Bedarfe und Ressourcen und damit einhergehende Einsamkeitsregulationen erkunden lassen, ist die personenzentrierte Gesprächsführung nach Rogers (1989).

Rogers (1959, dt. 1991) bezeichnet die physische und psychische Gesamtheit eines Menschen als Organismus. Der Organismus unterliegt der Aktualisierungstendenz, die drauf abzielt, den Organismus zu erhalten und zu entfalten. Erfahrungen werden vom Organismus durch die Aktualisierungstendenz danach bewertet, ob sie förderlich bzw. erhaltend für den Organismus sind oder ob der Organismus bedroht bzw. in seiner Entwicklung gehemmt wird.

Mit dem Voranschreiten der psychischen Entwicklung eines Menschen entsteht als Teil der Aktualisierungstendenz eine Tendenz zur Selbstaktualisierung des Selbstkonzepts. Das Selbstkonzept kann realistisch oder idealistisch dominiert sein. In der ersten Ausprägung entspricht das Selbstbild den tatsächlichen Fähigkeiten, Eigenschaften und Verhaltensweisen des Menschen. In idealistischer Ausprägung ist das Selbstbild von Vorstellungen des Individuums geprägt, die seinen Fähigkeiten, Eigenschaften und Verhaltensweisen kaum bis gar nicht entsprechen. Ist das Selbstkonzept idealistisch dominiert, werden Umwelterfahrungen häufiger nicht mit dem Selbstbild übereinstimmen, sodass die betreffende Person sie ignoriert oder abwehrt.

Diese Überlegungen von Rogers passen sehr gut zur regulationsorientierten Berücksichtigung von Einsamkeitserlebnissen bei Erstgesprächen. Es ist denkbar, dass Personen unter unfreiwilliger Einsamkeit leiden und dieses Leid aufgrund des „Turn-away-Effekts“ (vgl. Kap. 7) abwehren bzw. verdrängen. Wenn eine Person ein Idealselbst als kontaktfreudiger Mensch mit erfüllenden Freundschaften entworfen hat, ihre Erfahrungen diesem Selbstbild jedoch nicht entsprechen, kann sie die damit einhergehenden Einsamkeitsgefühle ignorieren oder abwehren, aber dennoch unter ihnen leiden (vgl. Kap. 2).

Um Menschen dazu einzuladen, Emotionen, denen sie sich möglicherweise nicht bewusst sind, die aber in ihren Äußerungen mitschwingen, zu reflektieren, lassen sich Gesprächsinhalte verbalisieren. Hier sprechen Sozialarbeitende Gefühle, die sie wahrnehmen, an.

Dabei ist es relevant, die Stellungnahmen der Person zu ihren Gefühlen und weniger die Gefühle an sich zu verbalisieren. Dadurch unterstützt eine Fachkraft die Person nicht nur dabei, ihre Gefühle aus der Verdrängung zu holen, sondern sich auch mit der Bewertung der Gefühle konstruktiv auseinander zu setzen (vgl. Weinberger 2006, S. 41; Kap. 3).

Bezogen auf das Beispiel eines älteren Herren, der im Rahmen der Pflegeberatung äußert, es sei komisch, seine Tochter nicht zu sehen, obwohl sie in der Nähe wohnt, könnte beispielsweise verbalisiert werden: „Ich habe den Eindruck, dass Sie damit unzufrieden sind“.

Hintz (2013) unterscheidet Formulierungen für sicher festgestellte und vermutete Gefühle. Sicher festgestellte Gefühle lassen sich folgendermaßen verbalisieren:

- „Jetzt sind Sie enttäuscht/unzufrieden/sauer.
- Sie zweifeln/Sie sind noch nicht überzeugt.
- Sie fühlen sich verunsichert/übergangen/herabgesetzt.
- Jetzt sind Sie erleichtert/zufrieden.
- Da sind Sie froh“ (ebd., S. 238).

Vermutete Gefühle können durch diese Formulierungen verbalisiert werden:

- „Hört sich an, als stünden Sie unter Zeitdruck.
- Ich habe den Eindruck, dass Sie damit unzufrieden sind.
- Sieht aus, als hätten Sie noch Zweifel.
- Es scheint Ihnen wichtig zu sein, dass ...“ (ebd., S. 239)

Sicher festgestellte und vermutete Gefühle können auch mit Synonymen aufgegriffen werden, um Wiederholungen zu vermeiden. Durch Synonyme werden die Menschen, die eine Fachkraft personenzentriert berät, angeregt, ihr psychisches Empfinden zu konkretisieren. Je einfacher und verständlicher die Synonyme oder die synonymen Sätze sind, desto eher gelingt diese Anregung. Da Adjektive, Verben bzw. Adverbien persönlicher und emotionaler sind als Substantive, sollten sie bevorzugt verwendet werden:

- Person: Ich stehe immer ziemlich neben mir, wenn ich aufgefordert werde, etwas zu sagen.
- Fachkraft: Da empfinden Sie Unbehagen (Substantiv).
- Fachkraft: In solchen Situationen werden Sie nervös (Verb) (vgl. Weinberger 2006, S. 44).

Bei der Verbalisierung ist aber auch Vorsicht geboten. Verbalisiert eine beratende Fachkraft zu intensiv, drängt sie ihr Gegenüber in eine „quasi therapeutische Situation“ (ebd., S. 82) oder suggeriert Einsamkeitserleben.

Personenzentrierte Gesprächsführung zielt darauf ab, Personen zu einer Anpassung ihrer Handlungsweisen an lebensweltliche Erfahrungen zu verhelfen (vgl. Galuske 2013, S. 178). In diesem Sinne ist personenzentrierte Gesprächsführung ein geeigneter methodischer Ansatz für die einsamkeitssensible Interventionsgestaltung.

Durch personenzentrierte Gesprächsführungen können Menschen nicht nur dabei unterstützt werden, sich mit ihrem Einsamkeitserleben auseinander zu setzen. Auch Diskrepanzen zwischen gewollten und vorhandenen Beziehungen können erkundet werden. Diese Erkundung lässt sich durch die Erstellung eines sozialen Atoms (vgl. Stimmer 2020, S. 92) unterstützen. Es dient der grafischen Visualisierung des Beziehungsgeflechtes, in das ein Mensch eingebettet ist (innerer Kreis), in das er gern eingebettet sein will (mittlerer Kreis) und der Anzahl eher loser Bekanntschaften (äußerer Kreis) (vgl. Abb. 22).

Abbildung 22: Soziales Atom (nach Budde, Früchtel 2005, S. 14)

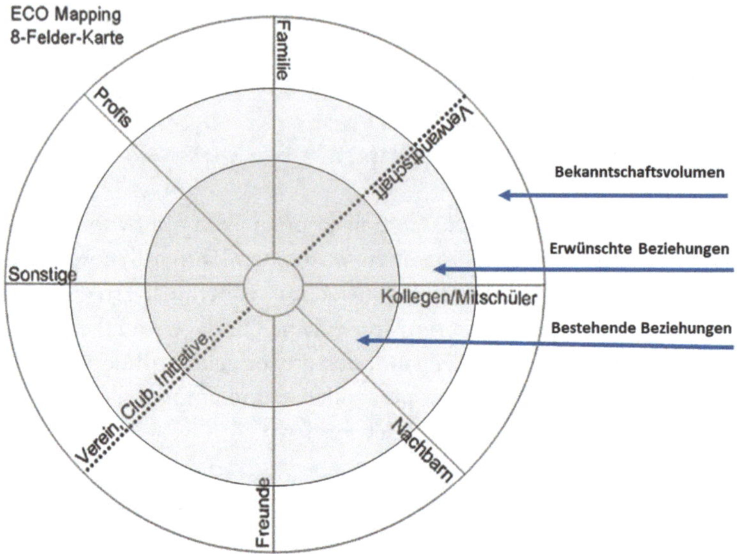

Um Beziehungsdiskrepanzen nicht allein quantitativ zu ermitteln, sondern auch qualitativ, können die Menschen gebeten werden, nicht nur Personen einzutragen, sondern die bestehenden und erwünschten Beziehungen zu beschreiben. Dadurch beschäftigen sie sich mit ihrer aktuellen Kontaktsituation und entwerfen zugleich ihr gewolltes Bild einer geänderten Kontaktzukunft. Die Grafik sollte abschließend in zweifacher Ausführung vervielfältigt werden. Dann kann sowohl die Fachkraft als auch der/die Gesprächspartner*in ein Exemplar aufbewahren.

Im Rahmen der Interventionsevaluation kann das Soziale Atom erneut genutzt werden, um Veränderungen durch die Intervention zu ermitteln (vgl. Stimmer 2020, S. 92 f.). Ansätze wie das soziale Atom dienen der Erkundung sozialer Beziehungen, die als Ressourcen in Hilfegestaltungen eingeflochten werden sollen (vgl. Hinte 2020, S. 13). Um dabei regulationsorientiert vorzugehen, gilt es bei dem Gespräch über ein soziales Atom, Einsamkeitsregulatoren, wie etwa die „Work-Life-Balance" und den „sozioökonomischen Status", zu beachten. Menschen, die über ausreichend Zeit verfügen, um soziale Kontakte zu knüpfen und zu pflegen, können eher selbstunsicher sein (vgl. Kap. 6.4). Einer alleinerziehenden Mutter, die gern auf Menschen zugeht, könnte wiederum schlicht die Zeit fehlen, dies zu tun (vgl. Kap. 6.1.2). Wenn bei solchen Personen nach sozialen Beziehungen „gebohrt" wird, werden möglicherweise Selbstwirksamkeitsgefühle verletzt, wodurch sich unfreiwilliges Einsamkeitserleben verfestigen kann.

Außerdem gilt es zu reflektieren, welchen Regulatoren unfreiwillig einsame Menschen machtlos gegenüber stehen. So kann sich bei der Auswertung eines sozialen Atoms, wie bei den Ergebnissen der Studie KoKon (vgl. Kap. 6.1.1), zeigen, dass sich erwünschte Beziehungen aufgrund finanzieller Engpässe nicht realisieren lassen. In diesem Fall ist es förderlich, die Menschen dabei zu unterstützen, finanzielle und materielle Hilfen in Anspruch zu nehmen, die ihnen zustehen. Wenn sich beispielsweise ein Kind wünscht, Kontakte zu anderen Kindern in einem Fußballverein aufzubauen, seine Eltern aber nicht über ausreichende finanzielle Mittel für den Mitgliedsbeitrag und die Ausrüstung verfügen, können Fachkräfte dabei unterstützen, Leistungen aus dem Bildungs- und Teilhabepaket zu beantragen.

Zudem ist der Hinweis wichtig, dass die personenzentrierte Beratung im Bereich der Psychotherapie entwickelt wurde. Soziale Arbeit ist nicht Therapie und so weist Galuske (2013, S. 189) zu Recht darauf hin, dass „der Allzuständigkeit der Sozialen Arbeit in der Komplexität des Alltags […] mit Reduktion von Komplexität im Sinne therapeutischen Handelns nicht zu begegnen“ ist. Galuske bezieht sich hier insbesondere auf Fallsituationen, bei denen materielle Anliegen der Menschen im Fokus stehen. Wenn Menschen materielle Anliegen haben, „wäre eine nicht-direktive Herangehensweise geradezu eine Karikatur“ (ebd.).

Dazu ein Beispiel: Moritz K. wusste nicht wohin mit sich. Seine Frau gab ihm unmissverständlich zu verstehen, dass sie die Scheidung einreicht. Keiner seiner Bekannten hatte Zeit, sich mit ihm zu treffen und ihm zuzuhören – so irrte er ziellos durch die Straßen. Er erinnerte sich an das Bürgerzentrum, das er letztes Jahr häufig mit seiner Frau besuchte. Er setzte sich in das Foyer und starrte vor sich hin. Herr Ruhland, der Mitarbeiter des Bürgerzentrums, erkannte Moritz K. und setzte sich zu ihm. Nach einem Bier schüttete Moritz K. Herrn Ruhland sein Herz aus und erzählte ihm, dass seine Ehe vor dem Aus steht, seine Ehefrau ihn rausgeworfen hat und er nicht weiß, wo er heute schlafen soll. In diesem Fall allein auf die personenzentrierte Gesprächsführung zu setzen, wäre kontraproduktiv. Es könnte schließlich sein, dass Moritz K. keine Unterstützung dabei benötigt, zu reflektieren, wie sich seine Ehe retten lässt, sondern, dass er tatsächlich nur einen Schlafplatz sucht, also auf die Vermittlung einer materiellen Hilfe angewiesen ist.

7.1.2 Einsamkeitsspezifische Interventionen

Menschen können ihr Einsamkeitserleben zum Anlass nehmen, um sich hilfesuchend an einen sozialen Dienst zu wenden (vgl. Kap. 3.5.1).

Die Interaktionswahrnehmung von Personen, die längere Zeit unter unfreiwilliger Einsamkeit leiden, kann kognitiv verzerrt sein. Eine kognitive Verzerrung resultiert beispielsweise aus der Verknüpfung von sozialen Interaktionen mit negativen Erwartungen. Betroffene fühlen sich von Interaktionspartner*innen bedroht, beispielsweise weil sie befürchten, abgelehnt zu werden (vgl.

Kap. 2). Verzerrte Interaktionswahrnehmungen erschweren es den Betroffenen, Handlungsstrategien zu realisieren, mit denen sie ihren subjektiven Anspruch an die Quantität und Qualität sozialer Beziehungen erfüllen können. Dies führt zu sozialem Rückzug, durch den sich unfreiwillige Einsamkeit verstärkt.

Mit diesen Menschen kann sozial und psychotherapeutisch gearbeitet werden. In sozialarbeiterischer Hinsicht erscheint systemisch-lösungsorientierte Beratung sinnvoll.

Der lösungsfokussierte Ansatz geht auf Inso Kim Berg und Steve de Shazer zurück (vgl. Shazer, Dolan 2020, S. 22 ff.). Ende der 1970er Jahre begannen sie sich am Brief Family Therapy Center in Milwaukee (Wisconsin, USA) damit zu beschäftigen, wie sie selbst während der dort praktizierten Beratungen vorgingen. Das Ehepaar analysierte hunderte von Therapiegesprächen und arbeitete hilfreiche Fragetypen, Verhaltensweisen und fachliche Haltungen heraus. Der lösungsfokussierte Ansatz fußt also nicht allein auf theoretischen Überlegungen, sondern auf einer systematischen Analyse erfolgreicher Praxis. Der Begriff „Lösung“ bezieht sich nicht auf Maßnahmen, die etwas lösen sollen, sondern auf Ausnahmen von Beschwerden: „Dies können sowohl bereits real vorhandene Ausnahmen sein, als auch vorstellbare, also hypothetische Ausnahmen“ (Langosch 2015, S. 25).

Die lösungsorientierte Beratung basiert auf der Prämisse, nicht zu analysieren, warum ein Problem aufgetaucht ist, sondern der Frage nachzugehen, was stattdessen getan werden könnte (vgl. ebd.). Mit unfreiwillig vereinsamten Menschen wird im Rahmen der lösungsorientierten Beratung also nicht allein der Frage nachgegangen, welche Regulationen mit ihrem Einsamkeitserleben korrespondieren, sondern was sie mit sozialarbeiterischer Unterstützung oder allein tun können, um diese Regulationen umzugestalten.

> *Dazu ein Beispiel:* Wenn eine Person unfreiwillig einsam ist, weil sie keine freundschaftlichen Kontakte hat, die es ihr ermöglichen, sich auch über Schwierigkeiten auszutauschen (vgl. Kap. 6.3), ist es nicht förderlich, dauerhaft diese Regulation zu besprechen. Dass unfreiwillige Einsamkeit deswegen besteht, weil im Freundeskreis überwiegend oberflächliche Freundschaften dominieren, wird schnell erörtert sein. Die lösungsorientierte Beratung erfordert es, die Person dabei zu unterstützen:
>
> a) Nach Ausnahmen in ihrer Biografie zu suchen, nach Lebenssituationen also, in denen sie nicht nur oberflächliche Freundschaften pflegte, um damalige Rahmenbedingungen und Verhaltensweisen zu reaktivieren und/oder
>
> b) Ideen zu entwickeln, die es ihr ermöglichen, ihren Anspruch zu realisieren, nicht nur oberflächliche Freundschaften zu pflegen.

Wie kann es mit dem lösungsorientierten Beratungsansatz gelingen, Menschen dabei zu unterstützen, sich von ihrer Problemsicht auf soziale Interaktionen abzuwenden?

Zunächst geht es darum, eine entsprechende fachliche Haltung an den Tag zu legen. Fachkräfte begegnen unfreiwillig vereinsamten Menschen mit einer positiven und wertschätzenden Haltung. Sie nähern sich ihnen als Nichtwissende, also mit einer fragenden Haltung. Mit dieser Haltung sind Sozialarbeitende nicht dazu aufgefordert, ihr Wissen zu vergessen, sondern es zurückzustellen. Ähnlich wie bei einer Begegnung von Menschen aus verschiedenen Kulturen, kommt es bei den ersten Kontakten im Rahmen der Situationserfassung darauf an, fremdes Einsamkeitserleben nicht vorschnell in „Regulationsschubladen" einzuordnen. Ein regulationsorientierter Blick sensibilisiert für das Einsamkeitserleben der Menschen, sollte aber nicht zur Kategorisierung von Einsamkeitserleben verleiten. Welche Regulatoren mit positiven und negativen Einsamkeitsregulationen korrespondieren, kann nur im Gespräch mit den Menschen aufgedeckt werden.

Ob eine Person durch transformierte Zeitstrukturen (vgl. Kap 6.1) aufgrund fehlender Arbeitskontakte wegen Arbeitslosigkeit oder aufgrund pandemischer Einschränkungen unfreiwillige Einsamkeit erlebt, weil sie ihren Anspruch, Arbeitskontakte zu pflegen, nicht einlösen kann, lässt sich nur im Gespräch mit ihr ermitteln. Gleiches gilt für die Frage, ob Einsamkeitserleben zu transformierten Zeitstrukturen führt, weil etwa sozialer Schmerz aufgrund aufgelöster intim-erotischer Bindungen durch vermehrte Arbeitstätigkeiten kompensiert wird.

Lösungsorientiert arbeitende Fachkräfte benötigen außerdem ein Sensorium für Fähigkeiten und Potenziale unfreiwillig vereinsamter Menschen, mit denen es ihnen gelingen kann, nicht eingelöste Ansprüche an die Gestaltung sozialer Kontakte einzulösen, die unfreiwillig einsame Menschen aber selbst nicht mehr erkennen oder wahrnehmen.

Eine lösungsorientierte Beratung mit Menschen, die sich aufgrund unfreiwilliger Einsamkeit hilfesuchend an einen sozialen Dienst wenden, kann folgendermaßen ablaufen:

I Eröffnung und Situationserfassung

Die beratende Fachkraft ist dafür verantwortlich, die Gesprächsstruktur zu erklären und ihre fragende Haltung zu signalisieren (vgl. Langosch 2015, S. 26 f.). Bei der Situationserfassung geht es um die Frage, welche Regulationen das Einsamkeitserleben der Menschen prägen. Die Beratung kann mit dieser Frage eröffnet werden: *Was führt Sie hierher?*

Es ist ratsam, bereits vor der Klärung des Sitzungsziels die persönlichen Ressourcen der Menschen zu erfassen, damit ihr Blick auf ihre Ressourcen durch ihr schmerzvolles Einsamkeitserleben, auf das sie im Gesprächsverlauf eingehen, nicht verstellt wird. Es gilt, diese Ressourcen als Fachkraft zu notieren, um sie quasi in der Hinterhand zu haben, wenn das Einsamkeitserleben und mögliche Lösungen, zugrundeliegende Regulationen zu modifizieren, thematisiert werden. Bei der Ressourcenerkundung können persönliche, soziale, materielle und infrastrukturelle Ressourcen erfragt werden, die nach Antonovsky als Widerstandsressourcen beschrieben werden (vgl. Kap. 2). Die Forschungsergebnisse von KoKon haben gezeigt, dass soziale, materielle und infrastrukturelle Ressourcen als Regulatoren dazu beitragen können, negative Einsamkeitsregulationen vorzubeugen oder sie zu bewältigen. Defizite in diesen Ressourcenbereichen können mit negativen Einsamkeitsregulationen einhergehen (vgl. Kap. 6). Bei der Ressourcenerkundung werden persönliche, soziale, materielle und infrastrukturelle Ressourcen erfragt (vgl. Hinte, Treeß 2014, S. 67).

Persönliche Ressourcen:

- Körperliche Konstitution (fit, beweglich, gesund, kraftvoll etc.)
- Geistige/emotionale Fähigkeiten (ideenreich, kontaktfreudig)
- Bildung (Schulabschluss, Berufsabschluss, Qualifikationen, Zertifikate etc.)
- Kulturelle Fähigkeiten und Fertigkeiten (Kreativität)

Soziale Ressourcen:

- Beziehungen in der engen und weiteren Familie (Eltern, Geschwister, Großeltern, Tante etc.)
- Beziehungen im Freundeskreis (beste Freunde, Bekannte etc.)
- Beziehungen in der Nachbarschaft
- Beziehungen in Vereinen, Schule, Arbeit etc.

Materielle Ressourcen:

- Besitz/Eigentum (Haus und Grund, Schrebergarten etc.)
- Einkommen (Arbeitsverdienst, Mieteinnahmen, Taschengeld etc.)
- Wohnung (Größe, Mobiliar, technische Ausstattung etc.)
- Fortbewegungsmöglichkeiten (Fahrrad, Mofa, Motorrad, Moped, Auto etc.)

Infrastrukturelle Ressourcen:

- ÖPNV-Anbindung
- Infrastruktur (Einkaufsmöglichkeiten, Kenntnis über und Nutzung von medizinischen, therapeutischen und sozialen Einrichtungen)
- Freizeitmöglichkeiten (Kenntnis über und Nutzung von Naherholungsgebieten, Freizeitvereinen, Spielplätzen)

In den vier Bereichen kann mit offenen Fragen nach Ressourcen „gefischt" werden (vgl. ebd.). Fällt es einer Person schwer, persönliche Stärken und soziale Ressourcen zu nennen, kann eine Fachkraft sie darum bitten, zu schildern, wie Familienmitglieder, Freunde und/oder Bekannte die Person wahrnehmen (vgl. Langosch 2015, S. 31): „*Wenn ich Ihre Eltern fragen würde, wo sie Ihre Stärken sehen. Was, denken Sie, würden sie mir sagen?*“ oder „*Aus welchem Grund würden Ihre Eltern, nach Ihrer Einschätzung, genau diese Stärken von Ihnen nennen?*“

„Erkunden von Ressourcen – Fragebeispiele“ (Hinte, Treeß 2014, S. 67)

Persönliche Ressourcen:
- „Was machen Sie/was machst Du gern?“
- „Welche Hobbys haben Sie/hast Du?“
- „Worüber freuen Sie sich/freust Du dich?“
- „Was sind Ihre/Deine besonderen Fähigkeiten?“
- „Was würde xy (hier eine nahestehende Person nennen) als Ihre/als Deine besonderen Fähigkeiten nennen?“

Soziale Ressourcen:
- „Bei wem würden Sie sich/würdest Du dir Rat holen?“
- „Mit wem haben Sie/mit wem hast Du Spaß“
- „Mit wem verbringen Sie/verbringst Du gerne Zeit?“
- „Gibt es jemanden in der Arbeit bzw. Schule, der Ihnen/Dir besonders wichtig ist?“

Materielle Ressourcen:
- „Wie ist Ihre/Deine finanzielle Situation?“
- „Wie ist Ihre/Deine Wohnsituation?“
- „Bekommst Du Taschengeld? Was musst Du damit finanzieren?“
- „Hast Du ein eigenes Zimmer? Schreibtisch? Computer? Fernseher?“

Infrastrukturelle Ressourcen:
- „Wie ist die Einkaufssituation hier?“
- „Welche Freizeitmöglichkeiten gibt es im Umfeld?“
- „Welche Verkehrsmittel benutzen Sie/benutzt Du?“
- „Welche Sozialen Dienste sind für Sie/für Dich hilfreich?“
- „Wo verbringen Sie/verbringst Du gern Ihre/Deine Freizeit?“
- „Wo treffen Sie/triffst Du Freunde und Bekannte?“
- „Worauf würden Sie/würdest Du in Deinem Wohnort nicht verzichten wollen?“

Eine solche Ressourcenerkundung kann dazu beitragen, einer Einsamkeitsresponsibilisierung vorzubeugen, weil sich auch ermitteln lässt, wo Ressourcen stabilisiert oder zugeführt werden müssen. Bei solchen Befunden ist die Perspektive „Fall für“ relevant, damit unfreiwillig einsame Menschen alle kommunikativen, finanziellen und materiellen Hilfen in Anspruch nehmen können, auf die sie einen sozialrechtlichen Anspruch haben oder die ihnen offen stehen.

II Sitzungsziel klären und Situation analysieren

Nachdem die Situation erfasst und die Ressourcen erkundet wurden, gilt es, das Sitzungsziel mit einer nichtwissenden Haltung zu vereinbaren. Ein erster Schritt, um Menschen dabei zu unterstützen, das Sitzungsziel zu klären, besteht in der Frage: *„Woran werden Sie/wirst Du merken, dass sich unsere Gespräche lohnen?"*

Zur Situationsanalyse gehören Bewältigungsfragen (vgl. Borcsa, Sperber, Rieling 2012, S. 6). Sie können den Menschen aufzeigen, was sie bereits alles für die Bewältigung ihres Einsamkeitserlebens getan haben. Eine Bewältigungsfrage kann lauten (vgl. Langosch 2015, S. 31): *„Wie haben Sie es/hast Du es geschafft, die Einsamkeitsgefühle so lange auszuhalten?"*

Bei der Situationsanalyse kann eine Fachkraft auch Ressourcen benennen, die die Menschen selbst möglicherweise nicht mehr wahrnehmen. Wenn beispielsweise eine Person schildert, aufgrund der pandemiebedingten KB in kontaktvermeidendes Verhalten zurückgefallen zu sein (vgl. Kap. 6.4), kann ein wichtiger Hinweis auf eine persönliche Bewältigungsressource darin bestehen, die Bereitschaft hervorzuheben, an der Beratung teilzunehmen.

III Lösungssuche

In diesem Schritt geht es darum, unfreiwillig einsame Menschen dabei zu unterstützen, ein konkretes und realistisches Bild für eine Zukunft mit einem veränderten Einsamkeitserleben zu entwickeln.

Dabei helfen Skalierungsfragen. Sie veranschaulichen den Menschen den Ist-Zustand und helfen ihnen dabei, große und kleine Fortschritte zu erkennen. Mit Skalierungsfragen sollte bei eins begonnen werden, damit sich Fortschritte verdeutlichen lassen (vgl. Langosch 2015, S. 29). Skalierungsfragen sind insbesondere wegen ihrer Möglichkeit, Selbst- und Fremdwahrnehmung zu vergleichen, dafür geeignet, mit unfreiwilligen einsamen Menschen zu arbeiten, die Interaktionen kognitiv verzerrt wahrnehmen. Eine solche Frage könnte lauten: *„Auf einer Skala von 1 bis 10, wobei 1 von allen abgelehnt und 10 von niemandem abgelehnt bedeutet, wo würden Sie sich/würdest Du Dich momentan einordnen?"*

Um den erwähnten Vergleich der Selbst- und Fremdwahrnehmung zu erzielen, kann eine zirkuläre Skalierungsfrage angeschlossen werden: *„Wenn ich jetzt Ihre Mutter/Deine Mutter (oder eine andere nahestehende Person) fragen würde auf welcher Stufe sie Sie/sie Dich sieht, was würde sie antworten?"*

Um den Blick in die Zukunft zu richten, können aufbauende Fragen (vgl. ebd., S. 31) angeschlossen werden: *„Was würden Sie/würdest Du anders machen, wenn Sie/Du anstelle von 3 auf 4 stehen würdest/würden?"* oder *„Was wäre anders, wenn Sie sich/Du Dich bei 5 eingestuft hätten?"*

Ausnahmefragen (vgl. ebd., S. 30) können dabei helfen, den Blick vom aktuellen Einsamkeitserleben auf vergangene Ausnahmen von diesem hin zu lenken. Dadurch können Potenziale für die Umgestaltung von Einsamkeitsregulationen sichtbar werden: *„Kann es sein, dass Sie sich/Du Dich auch mal weniger* *einsam gefühlt hast?*" oder „*Was haben Sie/was hast Du in dieser Zeit gemacht, als Sie sich/Du Dich nicht einsam fühlten?*"

Sogenannte „Externalisierungsfragen" (Borcsa, Sperber, Rieling 2012, S. 5) können Person, die intensiv in ihrem Einsamkeitserleben verfangen sind, dabei unterstützen, ihren Blick für Umgestaltungsoptionen von Einsamkeitsregulationen zu schärfen. Das Einsamkeitserleben wird nicht als problematisches thematisiert, sondern als Gegner, den es zu besiegen gilt. Eine solche Frage könnte lauten: „*Stellen Sie sich/stell Dir vor es gibt Sie/Dich zweimal. Einmal die Person, die sich einsam fühlt und eine andere Person, die nicht einsam ist. Worin würden Sie sich unterscheiden?*"

Eine Person, die die Lösungsidee entwickelt hat, im Alltag stärker in Betracht zu ziehen, dass vermeintlich ablehnende Verhaltensweisen von Bekannten aus zeitlichen Engpässen resultieren, kann sich unsicher sein, ob es ihr gelingt, diese Idee zu realisieren. In diesem Fall ist es sinnvoll, die vorab erkundeten Ressourcen zu thematisieren. Vielleicht gab die Person an, ihre Eltern würden sie als beharrlich bezeichnen. Dann könnte auf diese Beharrlichkeit mit dem Hinweis Bezug genommen werden, sich von einer Absage bei der Frage nach einer Verabredung nicht davon abbringen zu lassen, am nächsten Wochenende noch einmal zu fragen.

IV Fortschritt begleiten

Erstreckt sich die lösungsorientierte Beratung über mehrere Sitzungen, eignen sich Fortschrittsfragen (vgl. Borcsa, Sperber, Rieling 2012, S. 3), um Veränderungen sichtbar zu machen und über weitere Lösungen nachzudenken. Solche Fragen lauten beispielsweise: „*Was hat sich seit der letzten Sitzung für Sie/für Dich geändert?*" oder „*Bei unserer letzten Sitzung haben Sie/hast Du Dich im Hinblick auf das Einsamkeitserleben bei zwei eingestuft. Heute sind Sie/bist Du bei Stufe drei. Was haben Sie was/hast Du getan, um dahin zu kommen?*"

Sollten zwischen den Sitzungen Regulationen stattgefunden haben, die das Einsamkeitserleben verfestigen, können sogenannte „Wofür-ist-das-gut?"-Fragen (vgl. ebd.) dazu beitragen, den Fokus zu verschieben, anstatt nach dem Warum zu fragen. Eine solche Frage könnte lauten: „*Wofür ist es gut, dass Sie sich/Du dich zurückziehen/zurückziehst?*"

Nicht immer sind lösungsorientierte Beratungen ausreichend, um Menschen, die soziale Interaktionen kognitiv verzerrt wahrnehmen, dabei zu unterstützen, Einsamkeitsregulationen zu modifizieren. Für manche Menschen kann auch eine kognitive Verhaltenstherapie notwendig sein. Sie dient dazu, Wahrnehmungsmuster kritisch zu hinterfragen (vgl. Cacioppo et al. 2015, S. 242), um das Bewusstsein für die Interdependenzen von Gedanken, Gefühlen und Verhaltensweisen zu fördern, sodass sich infolgedessen Modifikationen erproben und reflektieren lassen.

Auch für Menschen mit einer depressiven Erkrankung oder einer sozialen Phobie können therapeutische Hilfen notwendig werden. Menschen mit einer sozialen Phobie haben Angst, durch ihr Verhalten oder aufgrund von Angstsymptomen, wie Schweißausbrüche oder Erröten, unangenehm aufzufallen. Aufgrund dieser Angst werden Kontakte vermieden, sodass unfreiwillige Einsamkeit entsteht oder sich verfestigt.

Gruppentherapien sind bei psychischen Beeinträchtigung mindestens genauso effektiv wie Einzeltherapien:

> „In ihnen können die Teilnehmer einerseits die Hemmungen abbauen, über sich zu sprechen und anderen zuzuhören, andererseits aber auch soziale Unterstützung durch die Gruppe bekommen" (Schlichting 2019, S. 27).

So bieten bspw. Tageskliniken soziale Kompetenztrainings an, bei denen soziale Situationen geübt werden können, etwa, wie man zuhört, wie sich Kontakte aufnehmen lassen, wie Small-Talk betrieben wird oder wie man sich durchsetzen kann. Die Teilnehmenden erhalten Hinweise, wie sie die Übungserfahrungen in ihren Alltag umsetzen können. Schon „kleine, neue" Kontakte, wie etwa ein kurzes Gespräch beim Apotheker/bei der Apothekerin können dazu führen, Erfolgserlebnisse zu erzielen und dadurch unfreiwilliges Einsamkeitserleben zu verringern. Auch mit Rollenspielen wurden gute Erfahrungen gemacht, um Interaktionen zu üben, bei denen es darum geht, ein Gespräch zu beginnen und aufrechtzuerhalten, indem man über sich spricht, aber auch anderen zuhört (vgl. Schlichting 2019, S. 27).

Neben therapeutischen Gruppenangeboten gibt es auch niedrigschwellige Gruppenangebote in der ambulanten Sozialpsychiatrie, wie etwa Frühstücks- oder Freizeitgruppen. Sie sind zwar nicht einsamkeitsspezifisch etikettiert, bieten unfreiwillig vereinsamten Menschen aber eine Tagesstruktur und Gelegenheiten, Kontakte aufzubauen und zu pflegen (vgl. Bürklin, Wunderer 2020, S. 452 ff.). Damit ist Einsamkeitsregulation in gruppenbezogenen Arbeitssettings angesprochen.

7.2 Einsamkeitsregulation in gruppenbezogenen Arbeitssettings

Zunächst wird skizziert, wie sich das Einsamkeitserleben von Gruppenteilnehmenden bei der Arbeit mit Gruppen regulationsorientiert berücksichtigen lässt. Anschließend werden drei Beispiele angeführt, wie unfreiwillige Einsamkeit in einsamkeitsunspezifisch gestalteten Gruppen vorgebeugt und begegnet werden kann.

Bei der Arbeit mit Gruppen, die nicht einsamkeitsbezogen initiiert wurden, lässt sich unfreiwilliges Einsamkeitserleben der Gruppenteilnehmenden regulationsorientiert berücksichtigen. Die Beobachtung gruppendynamisch zugewiesener Rollen ist dafür ein wichtiges Hilfsmittel. Zu gruppendynamisch zugewiesenen informellen Rollen gehören beispielsweise Anführer*innen, Mitläufer*innen, Außenseiter*innen, Sündenböcke, Clowns, schwarze Schafe, Professor*innen etc. (vgl. Simon, Wendt 2019, S. 236 f.).

Rollenzuweisungen erfolgen nicht linear sondern interaktiv. Eine Gruppenrolle wird einem Mitglied nicht übergestülpt, sie ist das Ergebnis wechselseitiger Erwartungen. Indem sich eine Person erwartungsgemäß verhält, übernimmt sie ihre Rolle. Erwartungsgemäßes Verhalten kann positiv ausgeprägt sein, etwa wenn sich eine Person als Kenner*in zeigt und dadurch die ihr zugewiesene Rolle der Professorin/des Professors erfüllt. In negativer Hinsicht ist auch die abwehrende Reaktion einer Person auf peinigende Umgangsweisen durch die anderen Gruppenmitglieder erwartungsgemäßes Verhalten für ihre Rolle als Außenseiter*in. Personen, die negative Umgangsweisen in Gruppen erleben, können ihr Rückzugsverhalten intensivieren, wodurch sich die Außenseiter*innenrolle verfestigt. Gruppenkoordinierende Fachkräfte, die derlei Gruppendynamiken beobachten, können in personenzentrierten und/oder lösungsorientierten Gesprächen mit Personen, bei denen sie eine Außenseiter*innenrolle wahrnehmen, ihre Beobachtung ansprechen, um mit ihnen zu überlegen, wie sich die Ursachen und Lösungsmöglichkeiten mit der Gruppe reflektieren lassen.

Darüber hinaus zeigen die Forschungsergebnisse (vgl. Kap. 5.6.2), dass geringe Aufgeschlossenheit unfreiwilliges Einsamkeitserleben hervorrufen kann. Ob eine Person, die sich in einer Gruppe zurückhaltend verhält, unter unfreiwilliger Einsamkeit leidet, lässt sich jedoch nicht direkt aus dem zurückhaltenden Verhalten ableiten. Es bedarf eines personenzentrierten Gesprächs (vgl. Kap. 7.1) über das Befinden in der Gruppe, um mögliches, unfreiwilliges Einsamkeitserleben zu ermitteln.

Im Folgenden werden am Beispiel der Altenhilfe Beispiele für einsamkeitsunspezifische Gruppenagebote skizziert, mit denen sich unfreiwillige Einsamkeit vermeiden und lindern lässt:

1. *Bewahrung bestehender subjektiv sinnvoller Kontakte*
   Der Regulator „Kontaktvielfalt“ kann mit negativen Regulationen unfreiwilliger Einsamkeit korrespondieren, wenn ältere Menschen ihren Anspruch, regelmäßig Kontakt zu wichtigen Personen zu haben, nicht realisieren können. Dahingehend fanden sich in der Studie vor allem Ergebnisse, die sich auf die Pflege familiärer Kontakte beziehen (vgl. Kap. 6.3). Es liegt jedoch nahe, dass auch außerfamiliäre Kontakte vermisst werden, wenn etwa körperliche Einschränkungen dazu führen, sie nicht mehr pflegen zu können.

Zur Frage, wie dieser Einsamkeitsregulation begegnet werden kann, lässt sich als Beispiel das Angebot „Fahrdienst" aus der gemeinwesenarbeiterischen Praxis im „Generationenprojekt Lahnstein" heranziehen, in dem der Autor bis 2017 tätig gewesen ist (vgl. Caritasverband Westerwald-Rhein-Lahn 2020).[8]

In seiner Rolle als Quartiermanager stellte der Autor im Rahmen aktivierender Haustürgespräche fest, dass ältere Menschen häufig berichteten, sie würden aufgrund von Mobilitätseinschränkungen nicht mehr an Vereinstreffen oder Gottesdiensten teilnehmen können. Daraufhin wurde mit Ehrenamtler*innen der lokalen Pfarrei kooperiert. Durch das Quartierbüro wurden Personen, die Fahrdienste anfragten, mit Ehrenamtler*innen zusammengebracht, die sich dazu bereit erklärten, entweder mit dem eigenen PKW oder mit einem PKW der Pfarrei eine Fahrt zu übernehmen. Die dabei entstandenen Gespräche zwischen den Fahrer*innen und den älteren Personen führten dazu, dass die älteren Personen von den anderen Fahrten erfuhren. Dadurch erhielten sie Informationen über weitere Gruppenaktivitäten in ihrem Stadtteil und konnten diese bei Interesse durch einen entsprechenden Fahrdienst nachgehen. Dadurch entwickelte sich eine Regulationsrelation zwischen den Regulatoren „Kontaktart" und „Alltagsaktivität" (vgl. Kap. 6.2), die zur Prävention von unfreiwilliger Einsamkeit durch den Aufbau neuer Kontakte aufgrund zusätzlicher Gruppenaktivitäten führte.

2. *Gelegenheiten für den Aufbau neuer Kontakte*

   Ein Beispiel, wie sich Gelegenheiten für Menschen schaffen lassen, sinnvolle Kontakte zu knüpfen, ist das Format „Erzählcafés". Erzählcafés stellen kulturelle Begegnungsgelegenheiten dar. Sie dienen dazu, Brücken zwischen verschiedenen Altersgruppen sowie der stationären und offenen Altenhilfe zu bauen. So werden etwa die Erzählcafés des Mönchengladbacher Erzählcafé e.V. (2021) auch in stationären Altenpflegeeinrichtungen durchgeführt. Es handelt sich um öffentliche Veranstaltungen, sodass sich die Bewohner*innen mit externen Besucher*innen austauschen können. Grundsätzlich sind Erzählcafés von drei Aspekten geprägt: dem Gespräch, der Geselligkeit und der informellen Bildung. Erzähler*innen bringen sich mit ihren Themen unentgeltlich in ein Erzählcafé ein. Die Erzählungen werden moderiert, um Gelegenheiten für den Austausch zwischen Erzähler*innen und Zuhörer*innen zu schaffen.

---

8 Es handelt sich dabei um ein zeitlich befristetes Gemeinwesenprojekt (Laufzeit: 2016–2020), an dem zwei Fachkräfte beteiligt gewesen sind. Das Projekt drehte sich um die Gestaltung des demografischen Wandels im Stadtteil Oberlahnstein der Stadt Lahnstein (siehe dazu ausführlich Noack 2019).

3. *Verstärkung der sozialen Unterstützung*
Ein anderes Beispiel entstammt ebenfalls der gemeinwesenbezogenen Praxis des Autors im „Generationenprojekt Lahnstein". Es betrifft das Studienergebnis, wonach fehlende instrumentelle Kontakte mit unfreiwilliger Einsamkeit korrespondieren können (vgl. Kap. 6.3).
Im Rahmen aktivierender Haustürgespräche gaben die älteren Menschen nicht nur zu verstehen, sie würden sich häufig ungewollt allein fühlen, weil ihnen Treffen mit Freund*innen, bei Vereinen oder in der Pfarrei fehlten. Auch dann, wenn sie niemanden hatten, den sie für instrumentelle Hilfen (Gartenarbeit, Wohnungspflege, Einkaufen etc.) anfragen konnten, wurde ihr Einsamkeitserleben negativ reguliert.
Bei den aktivierenden Haustürgesprächen entstand auch Kontakt zu Schüler*innen, die ihr Interesse äußerten, sich für ihre Mitmenschen im Stadtteil zu engagieren. Sie wussten aber nicht, wer wie unterstützt werden kann. So entwickelte sich die Idee des „Schüler-Generationenprojekts", um Schüler*innen und ältere Menschen zusammenzubringen. In Zusammenarbeit mit einer weiterführenden Schule wurden mit interessierten Schüler*innen in regelmäßigen Gruppentreffen die Besonderheiten der Lebensphase Alter und mögliche Unterstützungen für ältere Menschen im Garten, beim Einkaufen oder beim Putzen erörtert. Zudem wurden bei den wöchentlichen Gruppentreffen Unterstützungsanfragen mit den Schüler*innen besprochen. Die Schüler*innen wurden anschließend von den Fachkräften aus dem Quartierbüro zum ersten Treffen mit den älteren Personen begleitet, bei denen sie zu zweit oder allein die Unterstützung leisteten. Die Unterstützungseinsätze waren eine Gelegenheit, für die älteren Menschen und die Schüler*innen eine Beziehung zueinander aufzubauen. So unterstützten beispielsweise manche ältere Personen Schüler*innen bei den Hausaufgaben.
Verstärkung der sozialen Unterstützung bedeutet auch, Menschen dabei zu helfen, soziale und materielle Hilfen zu beantragen, die ihnen sozialrechtlich zustehen. Nicht nur ältere Menschen sind von den Angeboten sozialer Dienste und den darin operierenden professionellen Kräften weitgehend entkoppelt. Insbesondere allein lebende Menschen in prekären Lebenslagen werden von sozialen Diensten und Einrichtungen schwer erreicht (vgl. Celik, Oeben, Noack 2022). Dies kann mit der „komm-strukturierten" sozialen Infrastruktur zusammenhängen. Am Beispiel gemeinwesenbezogener Arbeit werden vor diesem Hintergrund die Möglichkeiten und Grenzen aufsuchender Arbeit geschildert.

7.3 Einsamkeitsregulation in gemeinwesenbezogenen Arbeitssettings

Wie bereits erwähnt, beginnen Gemeinwesenarbeiter*innen ihre Arbeit in der Regel mit aktivierenden Gesprächen an der Haustür oder im Wohnquartier. In der Einsamkeitsforschung wird häufig die Herausforderung erörtert, dass sich Menschen, die unter unfreiwilliger Einsamkeit leiden oder von diesem Erleben bedroht sind, von Hilfsangeboten schwer erreichen lassen (vgl. Bücker, Lembcke, Hinz 2019, S. 20). Personen, die unter unfreiwilliger Einsamkeit leiden, werden von sozialen Diensten nicht erreicht, wenn sie diese entweder aus Unkenntnis oder auch aus Scham nicht aufsuchen. Hier bieten aufsuchende Methodiken der Gemeinwesenarbeit großes Potenzial.

So können Personen, die beim Gespräch an der Haustür, im Stadtpark oder an anderen Plätzen im öffentlichen Raum schildern, dass ihnen soziale Kontakte fehlen, unmittelbar mit Informationen über mögliche Kontaktgelegenheiten oder Hilfen versorgt werden.

Einsamkeitsunspezifisch kann den Menschen angeboten werden, an der Bewohner*innenversammlung, die nach aktivierenden Gesprächen durchgeführt wird, teilzunehmen. Bei dieser Versammlung werden die Gesprächsergebnisse vorgestellt und die Bewohner*innen dabei unterstützt, sich zu organisieren, um gemeinsamen Interessen nachzugehen. Bei solchen Versammlungen lässt sich immer wieder ein Effekt beobachten: Die für viele Menschen überraschende Erkenntnis, (mit ihren Interessen) nicht allein zu sein.

Wenn die Menschen damit beginnen, sich über die Gesprächsergebnisse auszutauschen, ist es förderlich, sensibel für den Umgang mit Wortführer*innen zu sein, die mit ihrer Eloquenz und dramaturgischen Redesicherheit weniger aufgeschlossene Personen aus dem Diskurs ausbooten können. Wenn weniger aufgeschlossene Personen artikulationsstarke Personen erleben, besteht die Gefahr, dass sie sich in die sichere Zuschauer*innenrolle und dadurch aus Kontaktgelegenheiten zurückziehen. Dieser Gefahr lässt sich durch Gruppensequenzen begegnen. Weniger aufgeschlossene Personen können in kleineren Interessensgruppen ihre Hemmungen, sich zu äußern eher überwinden als vor 20 bis 80 Personen in einem großen Plenum (vgl. Noack 2018, S. 320)

Aufsuchende Arbeit im Gemeinwesen reduziert sich jedoch nicht auf einmalig stattfindende aktivierende (Haustür-)Gespräche. Im Rahmen der Gemeinwesenarbeit ist aufsuchende Arbeit vielmehr ein Evergreen. Menschen, die unter unfreiwilliger Einsamkeit leiden und zurückgezogen leben, können an Orten aufgesucht werden, die für sie alltagsrelevant sind. Dabei kann es sich um den Eingangsbereich einer Kindertagesstätte handeln, um mit alleinerziehenden Personen in Kontakt zu kommen oder um die Tafelausgabe, bei der sich Menschen in prekären Lebenslagen antreffen lassen. Nach einer persönlichen

Vorstellung und der gemeinwesenbezogenen Arbeit kann mit den Menschen ein personenzentriertes Gespräch (vgl. Kap. 7.1) über ihre Lebenssituation gesucht werden. Dabei muss nicht nach dem Einsamkeitserleben gefragt werden. Entweder die Menschen thematisieren es von sich aus oder das Gespräch dreht sich um Einsamkeitsregulatoren, wie etwa die psychische oder körperliche Verfassung (vgl. Kap. 6.4) oder den sozioökonomischen Status (vgl. Kap. 6.1).

Sollten die Menschen Regulatoren thematisieren, die sie nicht beeinflussen können, kann es notwendig werden, verhältnisorientiert vorzugehen, um einsamkeitsresponsibilisierender Gemeinwesenarbeit vorzubeugen.

Dafür ist die sozialarbeiterische Einmischungsstrategie geeignet, die auf Mielenz (1981) zurückgeht. Sie hob die Notwendigkeit hervor, Soziale Arbeit nicht allein auf psychosoziale Hilfen zu beschränken. Um die Interessen der Betroffenen mit diesen gemeinsam zu verfolgen, sei vielmehr die Einmischung in andere Bereiche der Kommunalpolitik und -verwaltung notwendig; insbesondere in die Wohnungs-, Infrastruktur- und Gesundheitspolitik. Nachfolgend wird Einmischungsarbeit am Beispiel der Gemeinwesenarbeit beschrieben.

Einleitend wurde Bezug nehmend auf die „Einsamkeitspolitik“ in Großbritannien und basierend auf Studienergebnisse dargestellt, dass die Schließung niederschwelliger Begegnungsmöglichkeiten bei Menschen in prekären Lebenslagen im Londoner Stadtteil Camden mit negativen Einsamkeitsregulationen einherging.

Durch Einmischungsarbeit lassen sich politische Prozesse, die mit negativen Einsamkeitsregulationen einhergehen, öffentlichkeitswirksam thematisieren. Früchtel, Budde und Cyprian (vgl. 2013, S. 255) haben dafür das Konzept der Problemmuster entwickelt. Mit einem Problemmuster kann Menschen, die mit einem sozialen Problem nicht vertraut sind, plausibel dargestellt werden, warum der Sachverhalt problematisch ist und welche Institutionen oder Akteur*innen zur Problemlösung beitragen können. Problemmuster beinhalten folgende Aspekte:

- Das Problem erhält einen Namen wie zum Beispiel „Jugendzentrum XY wegen Einsparungen vor dem Aus.“
- Problemmuster haben ein Identifizierungsschema, das es den Menschen erleichtert, ihre Alltagskenntnisse auf den Sachverhalt zu beziehen: „Jugendliche im Stadtteil XY können ihre Freizeit nicht mehr im Jugendzentrum XY verbringen.“
- Daraus ergibt sich der Bewertungsmaßstab, der möglichst allgemein akzeptiert wird, wie etwa das Recht von Kindern und Jugendlichen auf offene Kinder und Jugendarbeit.

- Schließlich werden in einem Problemmuster Institutionen genannt, die für die Problembearbeitung zuständig sind, wie beispielsweise der Jugendhilfeausschuss.

Um Problemmuster durch Instrumente der Öffentlichkeitsarbeit, wie beispielsweise Pressemitteilungen, Vorträge, Podiumsdiskussionen oder Demonstrationen nachhaltig in den öffentlichen Diskurs einzuspeisen, können Aussagen zum Problem auf der rationalen, der moralischen und der affektiven Ebene formuliert werden (vgl. ebd., S. 255 f.).

- *Rationale Ebene:* Das Problem muss prüfbar und nachvollziehbar sein, indem es quantitativ und qualitativ beschrieben wird. Es gilt, Betroffene zu benennen, die von dem Problem längerfristig beeinträchtigt sind, wie etwa die Jugendlichen in einem Stadtteil, in dem das letzte Jugendzentrum geschlossen wird. Auch die zeitliche Dimension des Problems sollte hervorgehoben werden, wie etwa die als dauerhaft angekündigte Schließung eines Jugendzentrums.
- *Moralische Ebene:* Das Problem muss das Potenzial haben, von den Menschen eines Gemeinwesens als „ihr Problem" anerkannt werden zu können. Dafür gilt es darzustellen, mit welchen allgemein akzeptierten Normen es unvereinbar ist, wie etwa mit der Norm, dass Jugendliche Freizeitangebote der offenen Kinder und Jugendarbeit erhalten können, damit sie in ihrer Freizeit nicht vereinsamen.
- *Affektive Ebene:* Auf der affektiven Ebene muss das Problem als nicht annehmbar wahrgenommen werden können. Die von dem Problem Betroffenen sollten als schuldlos dargestellt werden. Um bei dem Beispiel des Jugendzentrums zu bleiben: Jugendliche haben kein Mitspracherecht bei der Entscheidung über die Schließung eines Jugendzentrums.

Ausblick

Bei der Bearbeitung der einleitend dargestellten Fragestellung hat sich gezeigt, dass das unfreiwillige Einsamkeitserleben der im Rahmen der Studie KoKon Befragten aus einer Diskrepanz zwischen dem Anspruch an die Quantität und/oder die Qualität sozialer Kontakte und erfahrenen Kontaktrealität resultierte. Die Befragten regulierten ihr Einsamkeitserleben sowohl bewusst als auch unbewusst. Dabei spielten Mikro-, Meso- und Makroregulatoren eine Rolle, die sie teils beeinflussen konnten, denen sie aber auch machtlos gegenüberstanden.

So lassen sich die durch die KB veränderten Zeitstrukturen als Makroregulator verstehen. Je nachdem, wie der sozioökonomische Status der Befragten beschaffen war und in Abhängigkeit davon, ob sie allein lebten, alleinerziehend waren oder ob sie in einer Partnerschaft mit oder ohne Kinder lebten, variierten ihre Möglichkeiten der Einsamkeitsregulation.

Einschränkend ist zur Studie KoKon zu sagen, dass das genutzte indirekte Einsamkeitsmaß keinem in der Einsamkeitsforschung bisher angewendeten Item entspricht. Daher ist ein Vergleich der Forschungsergebnisse mit anderen Studien nur bedingt möglich. Da Einsamkeitsforschung in der Sozialen Arbeit jedoch ohnehin noch in den Kinderschuhen steckt, kann eine kritische Auseinandersetzung mit dem hier angewendeten Einsamkeitsmaß zum Anlass dafür genommen werden, Validierungsstudien durchzuführen. Durch sie lässt sich ermitteln, welche Vor- und Nachteile indirekte und direkte Maße mit sich bringen, um unfreiwilliges Einsamkeitserleben zu erfassen. Da es sich bei Einsamkeit um ein subjektives Gefühlserleben handelt, ist es sinnvoll, quantitative und qualitative Erhebungsmethoden miteinander zu kombinieren. Im Rahmen qualitativer Explorationsstudien lässt sich der bisher noch kaum beforschte Gegenstand „Einsamkeitsregulation und Soziale Arbeit“ erkunden, um Forschungsfragen für die einsamkeitsbezogene Wissensentwicklung in der Disziplin und Profession Sozialer Arbeit zu generieren. Mit einer regulationsorientierten Perspektive lassen sich dabei Kausalitätsfallen vermeiden und der für die Soziale Arbeit charakteristische ebenenübergreifende Blick auf den Menschen in seiner gesellschaftlichen Einbettung berücksichtigen.

Kausalitätsfallen können sich aus der Analyse linearer Ursache-Wirkungs-Ketten ergeben. Wenn etwa ausschließlich die psychische Verfassung oder die Einkommenssituation dahingehend untersucht werden, wie sie sich auf unfreiwilliges Einsamkeitserleben auswirken, ist der Blick darauf verstellt, wie unfreiwilliges Einsamkeitserleben diese Aspekte beeinflusst. Soziale Arbeit, die an der Schnittstelle zwischen Individuum und Gesellschaft ihren Gegenstand findet, kann sich nicht darin erschöpfen, unfreiwillige Einsamkeit allein verhaltens- oder verhältnisorientiert zu bearbeiten. Im Rahmen weiterer Studien zur Entstehung und Regulation unfreiwilligen Einsamkeitserlebens, kann ermittelt werden, mit welchen bestehenden und welchen neu zu entwickelnden methodischen Ansätzen verhaltens- und verhältnisbezogene Soziale Arbeit miteinander verknüpft werden können. Durch diese Verknüpfung kann Soziale Arbeit dazu beitragen, Lebensverhältnisse zu gestalten, durch die vermieden wird, dass Menschen unfreiwillig vereinsamen oder die es unfreiwillig einsamen Menschen ermöglichen, Einsamkeitsregulationen, denen sie machtlos gegenüberstehen, zu beeinflussen. Zu diesen Vorgehensweisen sollten Strategien gehören, mit denen sich Menschen erreichen lassen, die nicht wissen, welche einsamkeits(un)spezifischen Hilfen sie wahrnehmen können oder die aufgrund des „Turn-away-Effekts" nur aufsuchend erreicht werden können.

Literatur

Adam, E. K.; Hawkley, L. C.; Kudielka, B. M.; Cacioppo, J. T. (2006): Day-to-day dynamics of experience – cortisol associations in a population based sample of older adults. In: Proceedings of the National Academy of Sciences of the United States of America (PNAS) 103 (45), S. 17058–17063. www.doi.org/10.1073/pnas.0605053103.

Antonovsky, A. (1979): Health, stress and coping. London: Jossey-Bass.

Antonovsky, A. (1997): Salutogenese. Zur Entmystifizierung der Gesundheit. Tübingen: DGVT.

Assmann, A.; Assmann, J. (2000): Schrift, Gott und Einsamkeit. Einführende Bemerkungen. In: Assmann, A. (Hrsg.): Einsamkeit. München: Fink, S. 13–26.

Aylott, M.; Norman, W.; Russell, C.; Sellick, V. (2012): An insight into the impact of the cuts on some of the most vulnerable in Camden A Young Foundation report for the London Borough of Camden. www.youngfoundation.org/wp-content/uploads/2012/10/uts_on_some_of_the_most_vulnerable_in_Camden_2.pdf (letzter Zugriff: 01.07.2021).

Barnow, S. (Hrsg.) (2020): Handbuch Emotionsregulation. Zwischen psychischer Gesundheit und Psychopathologie. Berlin: Springer.

Barron, C. R.; Foxall, M. J.; Dollen, K. V.; Shull, K. A.; Jones, P. A. (1992): Loneliness in low-vision older women. Issues in Mental Health Nursing 13 (4), S. 387–402. www.doi.org/10.3109/01612849209010318.

Beck, U. (2002): Riskante Freiheiten. Individualisierung in modernen Gesellschaften. 5. Auflage. Frankfurt am Main: Suhrkamp.

Becker, J. C.; Hartwich, L.; Haslam, S. A (2021): Neoliberalism can reduce well-being by promoting a sense of social disconnection, competition, and loneliness. In: British Journal of Social Psychology 1. www.bpspsychub.onlinelibrary.wiley.com/doi/full/10.1111/bjso.12438 (letzter Zugriff: 12.01.2021).

Beutel, M. E.; Klein, E. M.; Brähler, E.; Reiner, I.; Jünger, C.; Michal, M.; Wiltink, J.; Wild, P. S.; Münzel, T.; Lackner, K. J.; Tibubos, A. N. (2017): Loneliness in the general population: prevalence, determinants and relations to mental health. In: BMC Psychiatry 17 (97). www.doi.org/10.1186/s12888-017-1262-x.

Bohn, C. (2006): Einsamkeit im Spiegel der sozialwissenschaftlichen Forschung. Dissertation zur Erlangung des Grades einer Doktorin der Philosophie. Universität Dortmund. www.eldorado.tudortmund.de/bitstream/2003/23001/2/Diss.Bohn.pdf (letzter Zugriff: 19.04.2021).

Borcsa, M.; Sperber, K.; Rieling, M. (2012): Fragetechniken in der systemisch lösungsorientierten Beratung. www.verein-fuer-lebendige-lernkultur.de/pdf/2_Studientag_Borcsa_Loesungsorientierte_Beratung.pdf (letzter Zugriff: 14.04.2021).

Borrmann, S. (2016): Theoretische Grundlagen der Sozialen Arbeit. Ein Lehrbuch. Weinheim, Basel: Beltz Juventa.

Brosius, F. (2011): SPSS 19. Frechen: MITP.

Brunes, A.; Hansen, M. B.; Heir, T. (2019): Einsamkeit bei Erwachsenen mit Sehbehinderung: Prävalenz, assoziierte Faktoren und Zusammenhang mit der Lebenszufriedenheit. In: Karger Kompass Ophthalmologie 2019, S. 110–117. www.doi.org/10.1159/000502498. Übersetzung aus Health Qual Life Outcomes 2019, S. 17–24. www.doi.org/10.1186/s12955-019-1096-y.

Bücker, S.; Horstmann, K. T.; Krasko, J.; Kritzler, S.; Terwiel, S.; Kaiser, T.; Luhmann, M. (2020): Changes in daily loneliness during the first four weeks of the Covid-19 lockdown in Germany. Preprint. www.psyarxiv.com/ytkx9/ (letzter Zugriff: 30.07.2020).

Bücker, S.; Lembcke, H.; Hinz, M. (2019): Prädiktoren von Einsamkeit und sozialer Isolation im hohen Alter. In: Luhmann, M.; Bücker, S. (Hrsg.): Einsamkeit und soziale Isolation im hohen Alter. Projektbericht. Ruhr-Universität Bochum, S. 17–32. www.pml.psy.rub.de/mam/content/abschlussbericht_einsamkeit_im_hohen_alter_onlineversion.pdf (letzter Zugriff: 21.12.2020).

Bücker, S.; Widlok, M.; Ebert, T.; Schröder, C. (2019a): Prävalenz von Einsamkeit und sozialer Isolation im hohen Alter. In: Luhmann, M.; Bücker, S. (Hrsg.): Einsamkeit und soziale Isolation im hohen Alter. Projektbericht. Ruhr-Universität Bochum, S. 7–16. www.pml.psy.rub.de/mam/content/abschlussbericht_einsamkeit_im_hohen_alter_onlineversion.pdf (letzter Zugriff: 21.12.2020).

Bücker, S.; Maes, M.; Denissen, J. J. A.; Luhmann, M. (2019b): Loneliness and the Big Five Personality Traits: A Meta-Analysis. Preprint. www.psyarxiv.com/fx5bq/ (letzter Zugriff: 21.12.2020).

Budde, W.; Früchtel, F. (2005): Was in der sozialraumorientierten Fallarbeit mit Netzwerken zu machen ist. Das Beispiel Eco-Mapping und Genogrammarbeit. In: Sozialmagazin 6, S. 14–23.

Bundesinstitut für Bau-, Stadt- und Raumforschung (BBSR) (2021): BBSR legt Haushaltsprognose 2040 vor. Pressemitteilung. www.idw-online.de/de/news769568 (letzter Zugriff: 01.07.2021).

Bundesministerium für Familie, Senioren, Frauen und Jugend (BMFSFJ) (2014): Gewalt gegen Frauen in Paarbeziehungen. Eine sekundäranalytische Auswertung zur Differenzierung von Schweregraden, Mustern, Risikofaktoren und Unterstützung nach erlebter Gewalt. 5. Auflage. Berlin: BMFSFJ. www.bmfsfj.de/blob/93970/957833aefeaf612d9806caf1d147416b/gewalt-paarbeziehungen-data.pdf (letzter Zugriff: 16.06.2020).

Bundesministerium für Familie, Senioren, Frauen und Jugend (BMFSFJ) (2016): Siebter Altenbericht zur Lage der älteren Generation in der Bundesrepublik Deutschland: Sorge und Mitverantwortung in der Kommune – Aufbau und Sicherung zukunftsfähiger Gemeinschaften und Stellungnahme der Bundesregierung. www.nbn-resolving.org/urn:nbn:de:0168-ssoar-49790-2 (letzter Zugriff: 23.12.2020).

Bürklin, K.; Wunderer, E. (2020): Einsamkeit begegnen. Hintergründe und Interventionsmöglichkeiten für die Klinische Sozialarbeit am Beispiel psychisch kranker Menschen. In: Soziale Arbeit 12.20, S. 449–455.

Cacioppo, J. T.; Cacioppo, S. (2014): Social Relationships and Health: The Toxic Effect of Perceived Social Isolation. In: Social and Personal Psychology Compass 8 (2) b, S. 58–72. www.doi.org/10.1111/spc3.12087.

Cacioppo, J. T.; Cacioppo, S. (2018): Loneliness in the Modern Age: An Evolutionary Theory of Loneliness (ETL). In: Advances in Experimental Social Psychology 58, S. 127–197. www.doi.org/10.1016/bs.aesp. 2018.03.003.

Cacioppo, J. T.; Cacioppo, S.; Cole S. W.; Capitanio, J. P.; Goossens, L.; Boomsma, D. I. (2015): Loneliness across phylogeny and a call for comparative studies and animal models. In: Perspectives on Psychological Science 10 (2), S. 202–212. www.doi.org/10.1177/1745691614564876.

Cacioppo, J. T.; Fowler, J. H.; Christakis, N. A. (2009): Alone in the crowd: the structure and spread of loneliness in a large social network. In: Journal of Personality and Social Psychology 97 (6), S. 977–991. www.doi.org/10.1037/a0016076.

Cacioppo, J. T.; Hawkley, L. C. (2009): Perceived Social Isolation and Cognition. In: Trends in Cognitive Sciences 13 (10), S. 447–454. www.doi.org/10.1016/j.tics.2009.06.005.

Cacioppo, J. T.; Patrick, W. (2011 [2008]): Einsamkeit. Woher sie kommt, was sie bewirkt, wie man ihr entrinnt. Heidelberg: Springer Spektrum. Aus dem Amerikanischen von Jorunn Wissmann. Original: Cacioppo, J. T.; Patrick, W. (2008): Loneliness. Human Nature and the Need for Social Connection. New York, London: W. W. Norton.

Cacioppo, S.; Grippo, A. J.; London, S.; Goossens, L.; Cacioppo, J. T. (2015): Loneliness: Clinical Import and Interventions. In: Perspectives on Psychological Science 10 (2), S. 238–249. www.doi.org/10.1177/1745691615570616.

Caritasverband Westerwald-Rhein-Lahn (2020): Generationenprojekt Lahnstein. www.caritas-westerwald-rhein lahn.de/hilfeundberatung/caritasaltenheimerundumgutversorgt/st.-martin-lahnstein/generationen-projekt/generationenprojekt-lahnstein (letzter Zugriff: 26.03.2021).

Celik, B.; Oeben, M.; Noack, M. (2022): Should I stay or should I go? Erreichbarkeit älterer Menschen mit Migrationserfahrung. Im Erscheinen.

Cohen-Mansfield, J.; Hazan, H.; Lerman, Y.; Shalom, V. (2016): Correlates and predictors of loneliness in older-adults: A review of quantitative results informed by qualitative insights. In: International Psychogeriatrics 28 (4), S. 557–576. www.doi.org/10.1017/S1041610215001532.

Coyle, C. E.; Dugan, E. (2012): Social isolation, loneliness and health among older adults Affiliations. In: Journal of Aging and Health 8, S. 1346–1363. www.doi.org/10.1177/0898264312460275.

Das Mönchengladbacher Erzählcafé e.V. (2021): Wer wir sind und was wir wollen. www.erzaehlcafe.de/verein.html (letzter Zugriff: 15.04.2021).

De Jong Gierveld, J.; Van Tilburg, T. G. (2006): A 6-item scale for overall, emotional, and social loneliness. In: Research on Aging 28 (5), S. 582–598. www.doi.org/10.1177/0164027506289723.

Deutscher Berufsverband für Soziale Arbeit e.V. (DBSH) (2016): Internationale Definition von Sozialer Arbeit der IFSW. Abgestimmte deutsche Übersetzung des DBSH mit dem Fachbereichstag Sozialer Arbeit 2016. www.dbsh.de/profession/definition-der-sozialen-arbeit/deutsche-fassung.html (letzter Zugriff: 21.12.2020).

Die Bundesregierung (2020): 22. März 2020: Regeln zum Corona-Virus. www.bundesregierung.de/breg-de/themen/coronavirus/besprechung-der-bundeskanzlerin-mit-den-regierungschefinnen-und-regierungschefs-der-laender-vom-22-03-2020-1733248 (letzter Zugriff: 21.12.2020).

Döring, N.; Bortz, J. (2016): Forschungsmethoden und Evaluation in den Sozial- und Humanwissenschaften. 5. Auflage. Heidelberg: Springer Medizin.

Dreitzel, H. P. (2011): Einsamkeit als Problem moderner Gesellschaften. Artikel in der Neuen Züricher Zeitung. www.nzz.ch/einsamkeit_als_problem_moderner_gesellschaften-1.11376021 (letzter Zugriff: 28.10.2020).

Elbing, E. (1991): Einsamkeit: Psychologische Konzepte, Forschungsbefunde und Treatmentansätze. Göttingen: Hogrefe.

Erath, P. (2006): Sozialarbeitswissenschaft. Eine Einführung. Stuttgart: Kohlhammer.

Eyerund, T.; Orth, A. K. (2019): Einsamkeit in Deutschland: Aktuelle Entwicklung und soziodemographische Zusammenhänge. IW-Report 22. Köln: Institut der deutschen Wirtschaft (IW). www.hdl.handle.net/10419/198005. (letzter Zugriff: 22.12.2020).

Facebook (2021): Information über die Gruppe: „Du kommst aus Landau in der Pfalz wenn …“ www.facebook.com/groups/766674993444158 (letzter Zugriff: 04.07.2021).

Feldmann, K.; Immerfall, S. (2021): Soziologie kompakt. Eine Einführung. 5. Auflage. Wiesbaden: Springer Fachmedien, Springer VS.

Flowers, L.; Houser, A.; Noel-Miller, C.; Shaw, J.; Bhattacharya, J.; Schoemaker, L.; Farid, M. (2017): Medicare Spends More on Socially Isolated Older Adults. In: Insights on the Issues 125, S. 1–15. www.aarp.org/content/dam/aarp/ppi/2017/10/medicare-spends-more-onsocially-isolatedolder-adults.pdf (letzter Zugriff: 15.09.2020).

Foerster, H. v. (2003): Understanding understanding. Essays on cybernetics and cognition. New York: Springer.

Forschungsgruppe Wahlen Telefonfeld GmbH (FGW) (2020): Rente und Alter Ergebnisse einer repräsentativen Bevölkerungsumfrage Januar 2020. Mannheim.

Früchtel, F.; Budde, W.; Cyprian, G. (2013): Sozialer Raum und Soziale Arbeit. Fieldbook: Methoden und Techniken. 3., überarbeitete Auflage. Wiesbaden: Springer VS.

Galuske, M. (2013): Methoden der Sozialen Arbeit. Eine Einführung. 10. Auflage. Weinheim, Basel: Beltz Juventa.

Gardiner, C.; Geldenhuys, G.; Gott, M. (2018): Interventions to reduce social isolation and loneliness among older people: an integrative review. In: Health and Social Care in the Community 26 (2), S. 147–157. www.doi.org/10.1111/hsc.12367.

Geißler, K. A.; Hege, M. (2001): Konzepte sozialpädagogischen Handelns. Ein Leitfaden für soziale Berufe. 10., aktualisierte Auflage. Weinheim, München: Juventa.

Gläser, J.; Laudel, G. (2009): Experteninterviews und qualitative Inhaltsanalyse als Instrumente rekonstruierender Untersuchungen. 3., überarbeitete Auflage. Wiesbaden: VS Verlag für Sozialwissenschaften, GWV Fachverlage.

Glasersfeld, E. v. (1996): Radikaler Konstruktivismus. Ideen, Ergebnisse, Probleme. Frankfurt am Main: Suhrkamp.

Glasersfeld, E. v. (2015): Theorie der kognitiven Entwicklung. In: Pörksen, B. (Hrsg.): Schlüsselwerke des Konstruktivismus. 2., erweiterte Auflage. Mit einem Nachwort von Siegfried J. Schmidt. Wiesbaden: Springer Fachmedien, S. 81–96.

Glatzer, W. (2002): Lebenszufriedenheit/Lebensqualität. In: Greiffenhagen, M.; Greiffenhagen, S.; Neller, K. (Hrsg.): Handwörterbuch zur politischen Kultur der Bundesrepublik Deutschland. Wiesbaden: VS Verlag für Sozialwissenschaften, S. 248–255.

Gögercin, S. (2018): Migration und migrationsbezogene Soziale Arbeit in Deutschland. Ein historischer Überblick. In: Gögercin; S.; Sauer K. E.; Blank, B.; Schramkowski, B. (Hrsg.) (2018): Soziale Arbeit in der Migrationsgesellschaft. Grundlagen – Konzepte – Handlungsfelder. Wiesbaden: Springer VS. S. 31–42.

Gross, J. J. (2002): Emotion regulation: Affective, cognitive and social consequences. In: Psychophysiology (39), S. 281–291.

Gross, J. J. (2008): Emotion Regulation. In: Lewis, M.; Haviland, J. M.; Feldmann Barret, L. (Hrsg.): Handbook of Emotions. 3. Auflage. New York: Guilford, S. 497–512.

Gruber, J.; Harvey, A. G.; Gross, J. J. (2012). When trying is not enough: Emotion regulation and the effort–success gap in bipolar disorder. In: Emotion 12 (5), S. 997–1003. www.doi.org/10.1037/a0026822.

Hakulinen, C.; Pulkki-Råback, L.; Virtanen, M.; Jokela, M.; Kivimäki, M.; Elovainio, M. (2019): Social isolation and loneliness as risk factors for myocardial infarction, stroke and mortality: UK Biobank cohort study of 479 054 men and women. In: BMJ Journals 104 (18), S. 1536–1542. www.heart.bmj.com/content/104/18/1536 (letzter Zugriff: 28.10.2020).

Hauge, S.; Kirkevold, M. (2010): Older Norwegians' understanding of loneliness. In: International Journal of Qualitative Studies on Health and Well-being. 5 (1). www.doi.org/10.3402/qhw.v5i1.4654. v5i1.4654.

Heidl, C. M.; Landenberger, M.; Jahn, P. (2012): Lebenszufriedenheit in Westdeutschland – eine Querschnittsanalyse mit den Daten des Soziooekonomischen Panels. www.d-nb.info/1152175556/34 (letzter Zugriff: 01.07.2021).

Hinte, W. (2020): Original oder Karaoke – was kennzeichnet das Fachkonzept Sozialraumorientierung? In: Fürst, R.; Hinte, W. (Hrsg.): Sozialraumorientierung 4.0. Das Fachkonzept: Prinzipien, Prozess & Perspektiven. Wien: Facultas, S. 11–26.

Hinte, W.; Treeß, H. (2014): Sozialraumorientierung in der Jugendhilfe. Theoretische Grundlagen, Handlungsprinzipien und Praxisbeispiele einer kooperativ-integrativen Pädagogik. 3., überarbeitete Auflage. Weinheim, Basel: Beltz Juventa.

Hintz, A. J (2013): Erfolgreiche Mitarbeiterführung durch Soziale Kompetenz: Eine Praxisbezogene Anleitung. Wiesbaden: Springer Gabler.

Hojnik, S.; Kölbl, M.; Noack, M. (2022): „Im Großen und Ganzen war ich sehr positiv überrascht". Befragung ehemaliger Adressat*innen der sozialraumorientierten Hilfegestaltung in der Grazer Kinder- und Jugendhilfe. Im Erscheinen.

Hollstein-Brinkmann, H. (1993): Soziale Arbeit und Systemtheorien. Freiburg im Breisgau: Lambertus.

Holt-Lunstad J.; Smith T. B.; Layton J. B. (2010): Social Relationships and Mortality Risk: A Meta-analytic Review. In: PLoS Med 7 (7), S. e1000316. www.doi.org/10.1371/journal.pmed.1000316.

Holt-Lunstad, J.; Smith, T. B.; Baker, M.; Harris, T.; Stephenson, D. (2015): Loneliness and Social Isolation as Risk Factors for Mortality: A Meta-Analytic Review. In: Perspectives on Psychological Science 10 (2), S. 227–237. www.doi.org/10.1371/journal.pmed.1000316.
Horowitz, M. J.; Znoj, H. J. (1999): Emotional control theory und the concept of defense: A teaching document. In: The Journal of Psychotherapy Practice and Research 8 (3), S. 213–224.
Hug, T. (2015): Die Paradoxie der Erziehung. Der Konstruktivismus in der Pädagogik. In: Pörksen, B. (Hrsg.): Schlüsselwerke des Konstruktivismus. 2., erweiterte Auflage. Mit einem Nachwort von Siegfried J. Schmidt. Wiesbaden: Springer Fachmedien, S. 451–472.
Jacob, L.; Haro, J. M.; Koyanagi, A. (2019): Relationship between living alone and common mental disorders in the 1993, 2000 and 2007 National Psychiatric Morbidity Surveys. In: PLoS ONE 14 (5): e0215182. www.doi.org/10.1371/journal.pone.0215182.
Jylhä, M. (2004): Old age and loneliness: Cross-sectional and longitudinal analyses in the Tampere Longitudinal Study on Aging. In: Canadian Journal on Aging 23 (2), S. 157–168. www.doi.org/10.1353/cja.2004.0023.
Katschnig-Fasch, E. (2001): Vom Paradoxon der wissenschaftlichen Einsamkeit. In: Katschnig-Fasch, E.; Huber, C.; Niegelhell, A.; Schaller-Steidl, R. (Hrsg.): Einsamkeiten: Orte. Verhältnisse. Erfahrungen. Figuren. Wien: Turia und Kant, S. 59–73.
Koole, S. L. (2009): The psychology of emotion regulation: An integrative review. In: Cognition and Emotion 23 (1), S. 4–41.
Krasko, J.; Kirchdörder, A. (2019): Konsequenzen von Einsamkeit und sozialer Isolation im hohen Alter. In: Luhmann, M.; Bücker, S. (Hrsg.): Einsamkeit und soziale Isolation im hohen Alter. Projektbericht. Ruhr-Universität Bochum, S. 33–40. www.pml.psy.rub.de/mam/content/abschlussbericht_einsamkeit_im_hohen_alter_onlineversion.pdf (letzter Zugriff: 21.12.2020).
Kronauer, M. (2017): Einsamkeit im Kontext von Arbeits- und Sozialpolitik Fragenkatalog der Enquetekommission IV. Landtag Nordrhein-Westfalen. Stellungnahme 17/3232. www.landtag.nrw.de/portal/WWW/dokumentenarchiv/Dokument/MMST17-3232.pdf (letzter Zugriff: 29.06.2021).
Lammers, C. H. (2011): Emotionsbezogene Psychotherapie. Grundlagen, Strategien und Techniken. 2., vollständig überarbeitete und erweiterte Auflage. Stuttgart: Schattauer.
Lampert, T.; Kroll, L. E. (2009): Die Messung des sozioökonomischen Status in sozialepidemiologischen Studien. In: Richter, M.; Hurrelmann, K. (Hrsg.): Gesundheitliche Ungleichheit – Grundlagen, Probleme, Perspektiven. 2., aktualisierte Auflage. Wiesbaden: Springer VS, S. 309–334.
Lampinen, P.; Heikkinen, R.-L.; Kauppinen, M.; Heikkinen, E. (2006): Activity as a predictor of mental well-being among older adults. In: Aging & Mental Health 10 (5), S. 454–466. www.doi.org/10.1080/13607860600640962.
Langosch, A. (2015): Ressourcenorientierte Beratung und Therapie. Mit 27 Arbeitsblättern auf CD-ROM (Beratung und Psychotherapie). München, Basel: Ernst Reinhardt.
Leibniz Institut für Sozialwissenschaften (Gesis) (2019): ALLBUS 2018 – Variable Report. https://search.gesis.org/research_data/ZA5270 (letzter Zugriff: 13.09.2021)
Leibniz Institut für Sozialwissenschaft Gesis (2020): FDZ ALLBUS. www.gesis.org/institut/forschungsdatenzentren/fdz-allbus (letzter Zugriff: 22.12.2020).
Lippke, S.; Keller, F.; Derksen, C.; Kötting, L. Ratz, T.; Fleig, L. (2021): Einsam(er) seit der Coronapandemie: Wer ist besonders betroffen? – psychologische Befunde aus Deutschland. In: Prävention und Gesundheitsförderung, S. 1–12. www.doi.org/10.1007/s11553-021-00837-w.
Lippke, S. (2021): Einsamkeit – erkennen, evaluieren und entschlossen entgegentreten: Ganzheitlicher Ansatz aus gesundheitspsychologischer Perspektive – Stellungnahme. https://www.researchgate.net/publication/350836348_Einsamkeit_-_erkennen_evaluieren_und_entschlossen_entgegentreten_Ganzheitlicher_Ansatz_aus_gesundheitspsychologischer_Perspektive_-_Stellungnahme (letzter Zugriff: 15.09.2021).

Lüttringhaus, M.; Richers, H. (Hrsg.) (2019): Handbuch aktivierende Befragung. Konzepte, Erfahrungen, Tipps für die Praxis. Bonn: Stiftung Mitarbeit.

Luhmann, M. (2019): Einleitung. In: Luhmann, M. (Hrsg.): Einsamkeit und soziale Isolation im hohen Alter. Projektbericht. Ruhr-Universität Bochum, S. 4–6. www.pml.psy.rub.de/mam/content/abschlussbericht_einsamkeit_im_hohen_alter_onlineversion.pdf (letzter Zugriff: 21.12.2020).

Luhmann, N.; Schorr, K. E. (1982): Das Technologiedefizit der Erziehung und die Pädagogik. In: Luhmann, N.; Schorr, K. E. (Hrsg.): Zwischen Technologie und Selbstreferenz. Fragen an die Pädagogik. Frankfurt am Main: Suhrkamp.

Mayring, P. (2010): Qualitative Inhaltsanalyse. In: Mey, G.; Mruck, K. (Hrsg.): Handbuch qualitative Forschung in der Psychologie. Wiesbaden, S. 601–613.

Mey, R. (1990): Allein. Berlin: Edition Reinhard Mey GmbH. Zitiert in: Schellhammer, B. (2018): Eine phänomenologische Annäherung an die Erfahrung der Einsamkeit. In: IZPP 2/2018 Themenschwerpunkt „Einsamkeit und Gemeinsamkeit“, S. 5.

Mielenz, I. (1981): Die Strategie der Einmischung. Sozialarbeit zwischen sozialer Kommunalpolitik und Selbsthilfe. In: Müller, T.; Olk, T.; Otto, H.-U. (Hrsg.): Soziale Arbeit als soziale Kommunalpolitik. Ansätze zur aktiven Gestaltung lokaler Lebensbedingungen. In: Neue Praxis, Sonderheft 6, S. 57–66.

Mittler, D. (2019): Volkskrankheit Einsamkeit. Artikel in der Süddeutschen Zeitung. www.sueddeutsche.de/bayern/immer-mehr-menschen-fallen-aus-der-gemeinschaft-hallo-hallo-ist-da-wer-1.4738182!amp (letzter Zugriff: 29.10.2020).

Mühling, T.; Rupp, M. (2008): Familie. In: Baur, N.; Korte, H.; Löw, M. (Hrsg.): Handbuch Soziologie. Wiesbaden: VS Verlag für Sozialwissenschaften, S. 77–95.

Müller, B. (2012): Sozialpädagogisches Können: Ein Lehrbuch zur multiperspektivischen Fallarbeit. 7. Auflage. Freiburg im Breisgau: Lambertus.

Nitzschke, B. (2019): Einsamkeit macht krank. Auf der Suche nach Bindung(en) im Zeitalter der Individualisierung Überarbeitet Fassung eines Vortrags, gehalten bei der Psychoanalytischen Frühjahrsakademie 2018, Heinrich-Heine-Universität Düsseldorf. In: Agora. Düsseldorfer Beiträge zu Psychoanalyse und Gesellschaft 2019/20, S. 44–47.

Noack Napoles, J.; Noack, M. (2022): Einsamkeit und Soziale Arbeit. Bezugsdisziplinäre und sozialarbeitswissenschaftliche Grundlagen eines ambivalenten Phänomens. Weinheim, Basel: Beltz Juventa. Im Erscheinen.

Noack, M. (2018): Inklusive Quartiere – Optionen intermediären Quartiermanagements zur Gestaltung des demografischen Wandels. In: Berding, N.; Bukow, W.-D.; Cudak, K. (Hrsg.): Die kompakte Stadt der Zukunft: Auf dem Weg zu einer inklusiven und nachhaltigen Stadtgesellschaft. Wiesbaden: VS Verlag für Sozialwissenschaften, S. 307–329.

Noack, M. (2019): „Das ist doch was für die alte Leute hier?!“ Aktivierende Befragung im Umfeld einer Senioreneinrichtung. In: Lüttringhaus, M.; Richers, H. (Hrsg.): Handbuch Aktivierende Befragung. Konzepte, Erfahrungen, Tipps für die Praxis. 4., aktualisierte und ergänzte Auflage. Bonn: Stiftung Mitarbeit, S. 140–142.

Noack, M. (2020): Diverse Gruppen im Quartier. In: Fürst, R.; Hinte, W. (Hrsg.): Sozialraumorientierung 4.0. Ein Studienbuch zu fachlichen, institutionellen und finanziellen Aspekten. Wien: utb, S. 80–91.

Noack, M. (2022): Integrierte Methodik in der Sozialen Arbeit. Einzelfall-, gruppen- und gemeinwesenbezogen intervenieren. Stuttgart: Kohlhammer.

Nussbaum, M. (1999): Die Grenzen der Gerechtigkeit. Behinderung, Nationalität und Spezieszugehörigkeit. Berlin: Suhrkamp.

Ong, A. D.; Uchino, B. N.; Wethington, E. (2016): Loneliness and health in older adults: A mini-review and synthesis. In: Gerontology 62 (4), S. 443–449. www.doi.org/10.1159/000441651.

Peplau, L. A.; Perlman, D. (Hrsg.) (1982): Loneliness: A sourcebook of current theory, research, and therapy. New York: Wiley Interscience.

Piaget, J. (1973): To Understand Is to Invent. New York: Grossman. Zitiert in: Glasersfeld, E. v. (2015): Theorie der kognitiven Entwicklung. In: Pörksen, B. (Hrsg.): Schlüsselwerke des Konstruktivismus. 2., erweiterte Auflage. Mit einem Nachwort von Siegfried J. Schmidt. Wiesbaden: Springer Fachmedien, S. 82.

Pinquart, M.; Sörensen, S. (2001): Influences on loneliness in older adults: A meta-analysis. Basic and Applied Social Psychology 23 (4), S. 245–266. www.doi.org/10.1207/153248301753225702.

Plattner, L.; Brandstötter, C.; Paal, P. (2021): Einsamkeit im Pflegeheim – Erleben und Maßnahmen zur Verringerung. Eine Literaturübersicht. In: Zeitschrift für Gerontologie und Geriatrie, S. 1–9. www.doi.org/10.1007/s00391-021-01881-z.

Rogers, C. R. (1959, dt. 1991): Eine Theorie der Psychotherapie, der Persönlichkeit und der zwischenmenschlichen Beziehungen. Köln: GwG.

Rogers, C. R. (1989): Die nicht-direktive Beratung. Frankfurt am Main: Fischer.

Rosa, H. (2018): Beschleunigung und Entfremdung. Entwurf einer kritischen Theorie spätmoderner Zeitlichkeit. 6. Auflage. Berlin: Suhrkamp.

Russell, D.; Peplau, L. A.; Cutrona, C. E. (1980): The revised UCLA loneliness scale: Concurrent and discriminant validity evidence. In: Journal of Personality and Social Psychology 39 (3), S. 472–480.

Ryan, M. (2004): New and Selected Poems. Boston, New York: First Mariner Books, Wiley & Sons, S. 224–237.

Savikko, N.; Routasalo, P. E.; Tilvis, R. S.; Strandberg, T. E.; Pitkälä, K. H. (2005): Predictors and subjective causes of loneliness in an aged population. In: Archives of Gerontology and Geriatrics 41 (3), S. 223–233. www.doi.org/10.1016/j.archger.2005.03.002.

Schaarschuch, A. (1999): Integration ohne Ende? Soziale Arbeit in der gespaltenen Gesellschaft. In: Treptow, R.; Hörster, R. (Hrsg.): Sozialpädagogische Integration. Weinheim, München: Juventa, S. 57–68.

Schalek, K.; Stefan, H. (2018): Einsamkeit – Ein (un)bekanntes Phänomen in der Pflege. In: Hax-Schoppenhorst, T. (Hrsg.): Das Einsamkeits-Buch. Wie Gesundheitsberufe einsame Menschen verstehen, unterstützen und integrieren können. Bern: Hogrefe, S. 378–388.

Schellhammer, B. (2018): Eine phänomenologische Annäherung an die Erfahrung der Einsamkeit. In: IZPP 2 Themenschwerpunkt „Einsamkeit und Gemeinsamkeit“, S. 1–11.

Schlichting, P. (2019): Einsamkeit kann krank machen. In: Magazin der evangelischen Stiftung Alsterdorf 3/2019, S. 26–27.

Schramkowski, B. (2018): Paradoxien des ‚Migrationshintergrundes‘. Von vorder- und hintergründigen Bedeutungen des Begriffes. In: Gögercin; S.; Sauer K. E.; Blank, B.; Schramkowski, B. (Hrsg.) (2018): Soziale Arbeit in der Migrationsgesellschaft. Grundlagen – Konzepte – Handlungsfelder. Wiesbaden: Springer VS. S. 43–52.

Schürholz, J.; Noack, M. (2021): Einsam *durch* die Krise? Kontaktgestaltung vor, während und nach den Kontaktbeschränkungen. In: Kniffki, J.; Lutz, R.; Steinhaussen, J. (Hrsg.): Corona, Gesellschaft und Soziale Arbeit. Weinheim, Basel: Beltz Juventa, S. 149–167.

Scopus (2019): Factsheet. www.elsevier.com/__data/assets/pdf_file/0017/114533/Scopus_GlobalResearch_Factsheet2019_FINAL_WEB.pdf (letzter Zugriff: 01.07.2021).

Sennett, R. (1998): Der flexible Mensch. Die Kultur des neuen Kapitalismus. 7. Auflage. Berlin: Berlin.

Shazer, S. D.; Dolan, Y. (2020): Mehr als ein Wunder. Lösungsfokussierte Kurztherapie heute. Unter Mitarbeit von Matthias von Varga Kibéd. 7. Auflage. Heidelberg: Carl-Auer.

Simmank, J. (2018): Einsamkeit – eine tückische Trenddiagnose. In: Zeit Online. www.zeit.de/wissen/gesundheit/2018-04/psychologie-einsamkeit-manfred-spitzer-gefuehl-krankheit-alleinsein-isolation (letzter Zugriff: 21.12.2020).

Simon, T.; Wendt, P.-U. (2019): Lehrbuch Soziale Gruppenarbeit. Eine Einführung. Weinheim, Basel: Beltz Juventa.

Splendid Research (2019): Studie zum Einsamkeitsgefühl der Deutschen. www.splendid-research.com/de/studie-einsamkeit.html (letzter Zugriff: 22.12.2020).

Stallberg, F. W. (2021): Die Entdeckung der Einsamkeit. Der Aufstieg eines unerwünschten Gefühls zum sozialen Problem. Wiesbaden: Springer Fachmedien.
Statistisches Bundesamt (2019): Umfrage unter Deutschen zur Häufigkeit von Einsamkeit nach Beziehungsstatus. Wiesbaden [Berichtsjahr 2018]. www.statista.de/statistik/daten/studie/873814/umfrage/umfrage-unterdeutschen-zur-haeufigkeit-von-einsamkeitnach-beziehungsstatus/ (letzter Zugriff: 01.07.2021).
Stimmer, F. (2020): Grundlagen des Methodischen Handelns in der Sozialen Arbeit. 4., völlig überarbeitete und erweiterte Auflage. Stuttgart: Kohlhammer.
Thoma, J. (2013): Einsamkeit – Blick auf ein multidimensionales Phänomen im Kontext Sozialer Arbeit. In: Neue Praxis 4, S. 377–385.
Victor, C. R.; Yang, K. (2012): The Prevalence of Loneliness Among Adults: A Case Study of the United Kingdom. In: The Journal of Psychology: Interdisciplinary and Applied 146 (1–2), S. 85–104. www.dx.doi.org/10.1080/00223980.2011.613875.
Wagner-Egelhaaf, M. (2000): Unheilbare Phantasie und heillose Vernunft. Johann Georg Zimmermann. Über die Einsamkeit (1784/85). In: Assmann, A. (Hrsg.): Einsamkeit. München: Fink, S. 265–279.
Weinberger, S. (2006): Klientenzentrierte Gesprächsführung: Lern- und Praxisanleitung für psychosoziale Berufe. Weinheim, München: Juventa.
Wilke, B. (2021): Gem·einsam. In: Soziale Arbeit, 1/2021. S. 3.
Wiso (2021): Literaturnachweise. www.printkr.hs-niederrhein.de:2443/login?qurl=https://www.wiso-net.de%2fdosearch%2f%253A3%253ASOZIALWISSENSCHAFTEN%3fsearchlater%3dt%26selectedNavigationPath%3d%253A3%253ALITERATURNACHWEISE%257C%253A3%253ASOZIALWISSENSCHAFTEN (letzter Zugriff: 28.07.2021).
Znoj, H. J.; Herpertz, S. C., Mundt, C. (2008): Affektregulation – Stressregulation. In: Herpertz, S. C.; Caspar, R. F.; Mundt, C. (Hrsg.): Störungsorientierte Psychotherapie. München: Elsevier Urban & Fischer, S. 157–190.